Berthold Baumann – Ber

Für Elsbeth & Egon Kehn

Berthold Baumann
Reno City 6.7.01

Herstellung: Books on Demand GmbH
ISBN 3-8311-1542-7

Berthold Baumann

Berge können nicht Kanu fahren

Abenteuer-E-Mails aus dem kanadischen Yukon Territorium

Reisebericht

Die Provinzen und Territorien Kanadas, des zweitgrößten Landes der Erde.

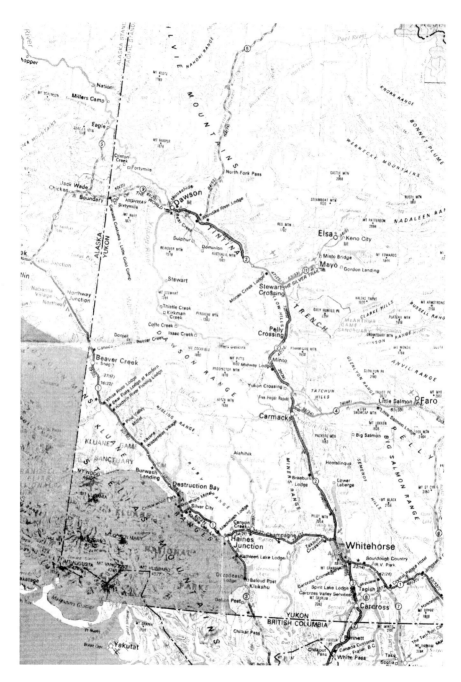

Das Yukon Territorium.

Vorwort

Schon 1992, bei meiner ersten Tour im kanadischen Yukon Territorium, hatten mich Land und Leute in ihren Bann gezogen. Damals paddelte ich mit einer Reisegruppe von Whitehorse bis Dawson City rund 700 Kilometer über den Yukon. Das Naturerlebnis, die Freundlichkeit der Menschen, ein schier grenzenloses Land und das Fehlen jeglicher Verbotsschilder hatten mich so begeistert, dass ich spontan meinen Rückflug einen Tag vor dem Start umbuchte und zwei weitere Wochen blieb.

Danach schwirrte der Yukon mir ständig im Kopf herum. Sobald ich auf das Thema Kanada angesprochen wurde, hielt ich aus dem Stegreif längere Monologe. Oftmals länger, als meinen Gesprächspartnern lieb war. Freunde sagten sogar, dass sie bereits ohne die Worte zu verstehen an meinem Tonfall hören könnten, wenn ich über mein geliebtes Kanada sprach. In den Jahren 1993 und 1995 folgten weitere Kanu- und Wander-Trips zum Yukon sowie 1997 zum Algonquin Park in der Provinz Ontario. Auch wenn die ersten beiden schon für Arbeitnehmer traumhafte sieben und neun Wochen dauerten – ich war damals Student – war mir das immer zu wenig, um Land und Leute so intensiv kennenzulernen, wie ich es wollte.

Nach dem Studium arbeitete ich in einer Marketing-Agentur. Obwohl der Job äußerst interessant war und ich sehr nette Kollegen hatte, stimmte irgend etwas nicht. Was mir komisch vorkam war die Tatsache, dass ich wöchentlich oft 50 Stunden und mehr arbeitete und dabei durch meine Arbeit und meinen Konsum genau die „unberührte" Natur zerstörte, die ich dann für viel Geld maximal drei Wochen im Urlaub besuchte. Das war in sich nicht schlüssig und logisch.

Im Anschluss an eine persönliche Krise, zog ich die Konsequenzen aus meinen Überlegungen. Ich kündigte meinen Job, buchte recht kurzfristig einen Flug über den großen Teich und wollte für mindestens vier Monate dort bleiben. In der Familie und bei Freunden gab es Zweifel. Wie konnte ich bloß meine „gesicherte" Existenz aufgeben, nur um einem Traum hinterherzujagen? Gerade wo es so viele Arbeitslose gibt. Während vieler Gespräche mit Menschen in Kanada stellte ich fest, dass dies sehr deutsche Überlegungen sind. Das Streben nach Sicherheit.

Doch was hatte ich zu verlieren? Eine Arbeitsstelle. Gut, ich wusste, dass es nicht leicht werden würde, nach meiner Rückkehr einen Job zu finden. Aber mit genügend Geduld und Anstrengung würde sich mit Sicherheit etwas ergeben. Ich konnte es zumindest einmal probieren. Besser als mit 50 oder 60 Jahren auf der Couch zu sitzen und sich zu sagen: „Verdammt, hätte ich das damals als ich die Chance hatte doch angetestet!" Also startete ich das große Abenteuer „Yukon".

Die Idee mit den „Rundmails" wurde erst in Kanada geboren. Ich hatte längere und mehrere Aufenthalte in Whitehorse und schrieb Mails an Verwandte und Freunde. Immer öfter kopierte ich Absätze aus den Mails an die einen, um sie auch den anderen zu schicken. Da ich stupide sich wiederholende Aufgaben hasse, dachte ich mir, schick denen allen doch dasselbe. In der Heimat steigerte sich das Interesse an den „Rundmails" rapide. Durch Mund-zu-Mund-Propaganda wollten immer mehr Leute in den Verteiler aufgenommen werden, Ausdrucke wanderten oft durch zahlreiche Hände und fast alle lachten herzlich über meine merkwürdigen Abenteuer.

Auch ich zog großen Nutzen aus den Mails. Wollte ich mir zuerst in Whitehorse andere Reisende suchen, mit denen ich verschiedene Touren machen könnte, drängte mich meine Ungeduld dazu, die erste kurze Kanutour alleine durchzuziehen. Zu Beginn hatte ich ein wenig Angst, aber die verflog recht schnell. Ich genoss es, zu tun und zu lassen, was ich gerade wollte. Bis 12 Uhr schlafen und bis Mitternacht oder gar weit darüber hinaus auf dem Fluss. Rasten, treiben lassen und paddeln wann ich gerade wollte. Hier einen Hügel hochsteigen oder dort mein Zelt aufschlagen. Das einzige, was mir fehlte, war jemand, dem ich meine Erlebnisse mitteilen konnte, um sie richtig zu verarbeiten. Nun, durch die Mails hatte ich ein äußerst interessiertes Publikum, das mich darüber hinaus noch mit Neuigkeiten aus der Heimat versorgte. Selbst wenn ich dafür einigen damit drohen musste, sie aus dem Verteiler zu schmeißen.

Die Reaktionen auf die „Rundmails" waren durchweg positiv. Viele stellten weitergehende Fragen zu bestimmten Ereignissen, bei denen ich zu viele (Landes-) Kenntnisse vorausgesetzt hatte. Oder sie wollten zusätzliche Infos haben. Oder sie lachten sich schlapp, wenn ich mich mal wieder besonders blöde angestellt hatte (und das, obwohl ich die peinlichsten Geschichtchen schlicht und einfach verschwieg).

Nach einer Weile – alleine mit dem Kanu oder zu Fuß unterwegs, hat man sehr viel Zeit zum Nachdenken – dachte ich, dass es auch für viele andere Menschen anregend sein könnte, was mir so alles widerfahren ist. Wenn man seine eigenen Träume nicht auslebt, kann es einer guter Ersatz sein, sich in die gelebten Träume anderer einzuklinken. Oder auch nur um einfach mal abzulachen. Wieder zurück in Deutschland nahm ich also die Ur-Rundmails als Basis und fügte jede Menge Details und Erklaerungen sowie einige Antworten meiner Freunde bei. Das Ergebnis liegt jetzt vor Euch.

In diesem Sinne wünsche ich viel Vergnügen beim Lesen und geht mit mir nicht zu streng zu Gericht, wenn ich mal wieder irgendeinen Unsinn angestellt habe.

Berthold Baumann
Kevelaer, April 2001

Yukon-Rundmail 1.1

Hey folks,

ich sitze gerade in Whitehorse im Internet-Cafe und rufe meine Mails ab. Bis jetzt war mein Trip ganz lustig, da ich mit allen möglichen Verkehrsmitteln hierhin fand. Ich fühlte mich dabei richtig wie einer der Stampeder von 1898, der Zeit des Klondike-Goldrausches.

Durch die Umbauarbeiten am Düsseldoofer Flughafen an der freien Wegfindung gehindert jumpte ich kurz vor knapp ins Flugzeug und landete mit Stops in Frankfurt und Chicago ziemlich schlaflos in Seattle. Von dort ging es nicht recht weiter – d.h. nicht so schnell, wie ich mir das vorstellte –, also mietete ich mir ruckzuck ein Auto. Als Verpflegung kaufte ich ein Sixpack Canadian – mein Favorit unter den kanadischen Bieren – und ein Mars. Auf ging es in den Norden und möglichst schnell vom Highway runter. Kam am Sauk River vorbei. Waren das nicht die Indianer aus dem „Schamanen" von Noah Gordon? Ich nächtigte im Auto, irgendwo im nirgendwo.

In Bellingham angekommen rief ich am Fähr-Terminal an und erfuhr, dass die Fähre total ausgebucht ist. Also fuhr ich da mal hin, aber dort sagte man mir merkwürdigerweise genau das Gleiche. Zusätzlich informierte man mich jedoch, dass der Greyhound-Bus in 30 Minuten nach Prince Rupert starten würde, wo ich dann die Fähre nehmen könnte. Fährpassage gebucht, Wagen weggebracht und in den bereits wartenden Bus gesprungen. Da reisen immer interessante Leute mit, wie z.B. Barry, ein Farmer, der mir von Land und Leuten berichtete. Oder Gus und Andrew aus Texas, die nach Petersburg fuhren, um dort im Sommer zu jobben. Von Prince Rupert die Inside-Passage-Fähre bis Skagway genommen. Das dauerte rund zweieinhalb Tage mit Zwischenstops in Petersburg, Sitka, Juneau und Haines. Die Landschaft war klasse, das Wetter leider nicht.

Auf der Fähre lernte ich Martha, eine ältere Dame aus Ontario – so um die 70 – kennen, der ich beim Ein- und Umsteigen die Koffer schleppte (und das, obwohl ich nie Pfadfinder war). Schließlich mussten wir auch zweimal umsteigen. Sie war vor zig Jahren aus dem Ostblock nach Kanada ausgewandert und sprach ein wenig deutsch. Es war ganz witzig, was sie so zu erzählen hatte. Bei den Landausflügen begleitete ich sie ebenfalls, so dass einige Mitreisende schon fragten, wo denn meiner guter Geist wäre, wenn sie mich mal alleine antrafen. Auch mit einigen anderen Mitreisenden kam ich schnell und unkompliziert ins Gespräch.

Mein Schlafplatz befand sich wie immer auf dem oberen, überdachten Außendeck. Liege schnappen, möglichst nicht unter dem Heizstrahler aufstellen, Schlafsack raus, Berti in Schlafsack, Schlafsack mit Berti auf Liege und Landschaft genießen. War klasse, wenn ich morgens um 5 Uhr aufwachte, direkt bewaldete Küstengebirge, Gletscher und kleinere Eisberge vorüberzogen und ich dafür nur den Kopf zu drehen brauchte. Herrlich. Das Wetter war weiterhin durchwachsen.

Auf dem Außendeck der Fähre werden sogar Zelte aufgestellt.

Hallo Super-Berti!

Wie ist's in der Wildnis? Hast du schon den einen oder anderen Bigfoot getroffen, oder bisher nur ein paar andere "Westerner", die sich dort herumtreiben? Wir sind schon gespannt auf deine diversen Trophäen (Bärenfelle, Biberschwänze, Indianerskalps oder dergleichen) sowie auf deinen Diavortrag. Keep cool und halte dich senkrecht (trotz der vielen Kneipen!).

Silke

Yukon-Rundmail 1.2

Skagway – für mich die Hauptstadt der Grauen Panther – war natürlich wieder voll mit Kreuz-fahrtschiffen (drei!) und deren eben etwas älteren Passagieren. Gegen abend – Essenszeit bei den Kreuzfahrern – war es fast eine Geisterstadt. Ich sah mir die Soapy Smith Show – ein be-rüchtigter Bandit während der Zeit des 98er Goldrausches – an. War ganz nett. Am nächsten Tag fuhr ich mit der alten White Pass & Yukon Railroad. So richtig mit Dampflokomotive, die allerdings nur den ersten Kilometer aus der Stadt raus fuhr. Danach übernahmen einige stärkere und zugkräftigere Dieselloks. Es ging an steilen Abhängen und Holzbrücken vorbei, wie ich sie sonst nur aus Western kenne.

Den Rest mit dem Bus bis Whitehorse, der Hauptstadt des Yukon Territoriums, wo ich mich direkt richtig heimisch fühlte. War ja schließlich auch das vierte mal. Es ist einfach nicht so eng wie in Deutschland. Rund 32.000 Menschen – aber schätzungsweise 50.000 Elche – woh-nen in einem Gebiet, das mit rund 530.000 Quadratkilometern Fläche etwa anderthalb mal so groß wie Deutschland ist. Etwas mehr als 23.000 davon – der Menschen, nicht der Elche – leben in Whitehorse. Der Rest in Dawson City, Carmacks und anderen kleinen Käffern oder läuft irgendwo in der Wildnis herum. Amanda, die den Campingplatz leitet, erkannte mich sogar auf Anhieb wieder, obwohl ich ja das letzte Mal 1995 hier war.

Heute (1. Juli) ist Canada-Day mit richtig Party und so. Na ja, ich versuche jetzt erst einmal mir ein Auto und ein Kanu zu besorgen, bin also noch ein paar Tage in der Stadt. Eigentlich dachte ich, dass ich schon genug Ausrüstung hätte, aber seit Tagen schleppe ich rucksäckewei-se Outdoor-Klamotten in mein Zelt. Jetzt bin ich fast voll equippt (Angel, Säge, Axt, Koch-klamotten, Kanu, Bären- und Mückenspray – ich weiß gar nicht, vor wem ich mich da momen-tan mehr ängstigen soll), Kreditkarte sei Dank.

Das Bärenspray arbeitet auf Pfefferbasis und steht gehörig unter Druck, um angreifende Bären auf rund zehn Meter zu besprayen. Das Mückenspray wirkt wie ein Nervengift auf die Viecher und man kann es auch als Feueranzünder verwenden. Hat man sich damit eingerieben, sollte man allerdings keine Plastiktüten oder dergleichen anfassen, da diese sonst schnell Löcher bekommen. Das Auto bekomme ich wahrscheinlich morgen, so dass ich endlich starten kann. Es soll zuerst mal über den Teslin River in den Yukon bis Carmacks gehen. Anschließend zwei Wochen wandern im Kluane Park und, und, und. Ich kann mich also frühestens in zwei Wo-chen wieder melden.

Ansonsten ging ich meinen touristischen Pflichten nach, sprich, ich war in diversen Museen, schoss Fotos und beantwortete die Fragen der Amis, wo ich denn herkomme usw. Daneben gab es einige neue Kneipen, die ich inspizieren musste, ich habe jedoch auch die alten nicht ver-nachlässigen wollen. Also eine extrem anstrengende Zeit.

Ciao
Yukon-Berti

Berti!

Glaub bloß nicht, dass du mich neidisch machen kannst. Mich nicht. Ganz bestimmt nicht, du dumme Sau! Melde mich bald wieder, aber jetzt muss ich erst mal ran, ein bisschen Kohle verdienen.

Bis bald,
Stephallus

Hallo Berti,

ich sitze inne Firma und lese deine eMail! Wir haben jetzt den 5. Juli, 08.00 Uhr, was weiß ich, was bei dir für ein Datum oder Uhrzeit ist. Ich habe mich über deine eMail gefreut und habe sie gleich für Aggi ausgedruckt. Irgendwie hatte ich gedacht, du fährst zum Arbeiten nach Kanada und jetzt lese ich deinen Reisebericht. Aber um so besser für dich! Ich wünsche dir erst mal alles Gute und eine schöne Zeit!
Pass auf dich auf!

Gruß
Die Heeser

Yukon-Rundmail 2.1

Hallo Deutschland,

so die erste kleine Tour ist getan. War echt klasse. Zuerst hatte jedoch meine VISA-Karte ihren Geist aufgegeben und darüber hinaus hatte ich an Tieren bis dato nur einen tierischen Kater, weil wir in meiner Stammkneipe Wiedersehensparty – ein paar Reisende, die ich auf meiner Auto-, Bus-, Fähr- und Zug-Odyssee getroffen hatte – feiern mussten. Ein Ami und fünf Deutsche. Ganz am Anfang sprachen wir über das Thema Alkohol. Drei der vier Deutschen – merkwürdigerweise war auch ich dabei – die aussagten, dass sie nur ab und zu ein Schlückchen trinken würden, verließen um circa 23 Uhr die Kneipe reichlich betrunken.

Doch der Reihe nach. Meine Probleme mit der Kreditkarte und dem Auto zogen sich noch etwas hin. Für dieses ganze Hickhack hatte ich mir ja wohl ein Trostpflaster verdient. Und was für eins: Einen Pontiac Parisienne von 1979 mit einem Fünf-Liter-Achtzylinder-Motor und ausreichend PS. Wenn ich an den Kofferraum gehe, nehme ich immer eine Taschenlampe mit: Es könnte ja dunkel werden, bevor ich zurückkomme. Obwohl ich heute einen Cadillac sah, der noch einen Meter länger war. Ich muss bei meinem Auto immer an einen Song denken, über den ich mal mit einem Freund gesprochen hatte. Ich singe das momentan etwas abgewandelt: „Heaven is on the frontseat of my Pontiac".

Für das Kanu montierte ich einen Dachgepäckträger. Nach zwei Stunden war alles superfest angebracht und ich war total stolz auf mich. Ungefähr so lange, bis ich bemerkte, dass meine elektrischen Fensterheber es seither nicht mehr tun. Kann so etwas nicht einfach mal nur funktionieren.

Bei den Kanoe People, einem der hiesigen Ausrüster – für Menschen die sich daran stören, dass hier Canoe mit „K" geschrieben wird: Das Unternehmen gehörte zuerst der Yukon-Kanu-Legende Gus **K**arpes und seiner Frau Irene **P**ugh und als Scott mit seinem damaligen Partner den Laden übernahm, wollten sie den gut eingeführten Namen KP behalten – kaufte ich mir Kanu, Paddel und ein wasserdichtes Fass für 450 Dollar. Schwimmweste war vorhanden. Wenn ich bedenke, dass die Miete für 14 Tage schon etwa 220 Dollar beträgt... Anschließend suchte ich jemanden für die Teslin-/Yukon-Tour. Normalerweise ist das auf dem Robert-Service-Campground oder über das schwarze Brett im Visitor Center kein Problem. Doch die einen wollten lieber Wildwasser fahren und die anderen längere Touren. Für das erste sind mein Kanu und ich nicht so geeignet. Längere Touren sind kein Problem, aber nicht mit Leuten, die ich kaum kenne. Im Busch kann man nicht einfach „tschüss" sagen, wenn es nicht klappt.

Hallo Berti!

Nanu? Was ist denn mit Sandra los. Mein Boss sitzt seit einiger Zeit grinsend vorm Bild-schirm. Wenn ich geahnt hätte, dass deine Mails der Grund dafür sind, dann hätte ich mich direkt hinzugesellt und mitgelesen. Dank Sandra bin ich per Mailweiterleitung nun auch in den Genuss gekommen. Bei deinen Reiseberichten bekommt man hier echt Fernweh und hat gar keine Lust weiterzuarbeiten. Trotzdem würde ich mich freuen, wenn ich in den Mail-verteiler aufgenommen würde. Deine Mails sind wirklich eine nette Unterbrechung der Arbeit. Ich wünsche dir eine tolle Zeit, viel Spaß und freue mich auf weitere Mails.

Viele Grüße,
Hildegard

Yukon-Rundmail 2.2

Ich fuhr also letzten Sonntag mit Nicki aus Australien nach Teslin. Die ganze Zeit konnte ich mir dabei den Teslin Lake angucken, etwa 50 Kilometer. Nee, also auf so ein Riesenstück See hatte ich keinen Bock. Da muss man ja richtig paddeln, denn See hat gravierende Nachteile gegenüber Fluss: Keine Strömung mit der man sich treiben lassen kann (bedenke ich immer bei der Planung). Also fuhr ich ohne Nicki – die wollte irgendwo in Alaska mit dem Seekajak raus – zurück nach Johnsons Crossing und verbrachte dort noch einmal eine Nacht im Auto.

Am nächsten Morgen wollte ich mit dem Kanu früh auf dem Teslin River starten. Doch meine neue Liebe – der Pontiac hört jetzt auf den schönen Namen Pia – ließ mich im Stich: Plattfuß. Reifen gewechselt, Auto an den Fluss gestellt und ab ging es. Wetter war klasse: bewölkt, aber nicht regnend. Nach zwei bis drei Kilometern sah ich direkt ein Paar Loons und hörte vor allen Dingen ihren klagenden Ruf, der weit über den Fluss schallte. Das ist die richtige Begrüßung. Landschaft war ganz nett, wie am Yukon halt: Rechts und links Nadelwälder, kleinere Hügel im Vordergrund an beiden Ufern, größere Berge weiter hinten.

Pia hat einige Sprünge in der Scheibe und passt daher hervorragend zu mir.

Abends um 21 Uhr – es war noch taghell, in der Tat geht die Sonne hier momentan nur für knapp drei Stunden von 0.30 bis 3.30 Uhr unter – auf einer Insel das Zelt aufgebaut. Richtig schön ohne Sträucher, so dass der Wind die ganzen Mücken hätte wegwehen können. War aber leider kein Wind. Die Viecher quälten mich ohne Ende, aber schließlich verscheuchte ich sie mit Muskol, dem einheimischen Anti-Mückenmittel. Na ja, wenigstens die meisten. Am ersten Abend hatte ich noch ein bisschen Schiss, so allein in der Wildnis, aber das gab sich mit der Zeit.

Yukon-Rundmail 2.3

So paddelte ich auch am nächsten Tag spät los. Direkt zweimal Elche gesehen. Außerdem zahlreiche Weißkopfseeadler, Königsfischer und jede Menge andere Vögel, die ich auf der Rückfahrt im Buch von Linda identifizieren musste. Die spinnen, die Birdwatcher. Das Wetter war zum Kanu fahren wie geschaffen, bewölkt aber kaum Regen. Mit der Zeit wurde ich wieder sicherer – ich hatte in den vergangenen zwei Jahre kaum im Kanu gesessen. Aus den Strudeln hielt ich mich jedoch noch raus. Am Abend hielten die Mücken sich zurück, d.h. so fünf bis zehn Stiche. Also derjenige der den Spruch „Das juckt mich nicht mehr" erfand, war bestimmt nie am Yukon. An den beiden Tagen sah ich übrigens insgesamt nur zwei Kanus. Gerade nicht zu viele.

Mehrmals kam ich unfreiwillig großen Entenfamilien zu nahe. Die Kleinen wetzten, flatterten und schwammen mit lautem Getöse übers Wasser zum Ufer, um sich unter ins Wasser hängenden Sträuchern zu verstecken. Muttern machte in meiner Nähe auf verletzt, um von den Küken abzulenken. Quasi ein sterbender Schwan für Arme. Nachdem ich jedoch weit genug von den Jungenten entfernt war, erholte sich die Entenmutter auf wunderbare Weise wieder – gedankt sei dem heiligen St. Teslin – und flog in einem großen Bogen zurück.

Die Strömung macht so acht bis zehn Kilometer in der Stunde. Ich traf dann so ein paar süddeutsche Kanuten – die mag ich ja eh besonders bis auf wenige Ausnahmen (Hallo Silke R.). Auf jeden Fall wussten die nicht, wie weit der Schall über das Wasser trägt. Sie „regten" sich nämlich darüber auf, dass ich mich einfach so habe treiben lassen. Seit dem Tag hatte ich einen neuen Sport, Seppels ärgern. Jedesmal, wenn ich die Typen traf, stoppte ich alle Paddelaktivitäten und ließ mich treiben. Dann paddelte ich abends spät bzw. nachts – hauptsächlich aber, weil man so mehr Tiere sehen sollte, vor allem jede Menge Biber.

Am nächsten Tag erwachte ich so um 14 Uhr und eine halbe Stunde später kamen die Bazis vorbei, als ich gerade gemütlich frühstückte. Die sind um 7 Uhr aufgestanden und um 10 Uhr auf dem Teslin gewesen. Sie fragten mich jedesmal, wie ich denn so weit gekommen wäre. „Och," antwortete ich lässig (kann ich gut, wenn ich andere Menschen ärgern will), „wenn man sich mit der Strömung auskennt, kann man sich schnell treiben lassen." Daraufhin haben die sich noch mehr angestrengt und kräftig gepaddelt. Am nächsten Morgen war ich wieder weit vor ihnen. Ich baute mein Zelt schließlich gar nicht mehr auf, weil es hier einfach nur noch heiß ist – und das seit sieben Tagen. Also in den Schlafsack, Kapuze zugezogen und Mückennetz drüber. Macht ein bis zwei Stiche pro Nacht, wie auch immer (quasi ein Sonderangebot).

Hi Berti,

sorry, dass du solange auf eine Nachricht von mir warten musstest, aber ich hatte für eine ganze Weile keinen Zugang zu einem e-mail Anschluss. Ich glaube, nun verstehst du, warum ich so lange nichts von mir habe hören lassen!

Ich habe mich auf mein Motorrad geschwungen und bin Richtung Prince Edward Island aufgebrochen. Hätte ich vorher gewusst wie weit das ist, hätte ich vielleicht gezögert. 2400 Kilometer eine Strecke. Aber Biker Heaven pur!! Ich bin nicht in Kanada geblieben, sondern durch die Staaten, das heißt durch ein Gebirge nach dem anderen gefahren. Auf der Hinfahrt habe ich einen anderen Biker kennengelernt, der bis Maine mitgefahren ist. Danach habe ich die letzten Kilometer durch Canada allein zurückgelegt. Für zwei Wochen, habe ich dann Rob auf P.E.I. besucht und jede Menge unternommen. Allein in den paar Wochen bin ich insgesamt über 9000 Kilometer gefahren. Ist das nichts?

Wir waren unter anderem in Neuschottland auf einem Bikermeeting. Reiner Zufall, dass wir da rein geschneit sind. Aber egal. Wir waren da und es war gut! Auf dem Rückweg habe ich dann noch einen kleinen Abstecher auf Mt. Washington gemacht. Ich dachte Mrs. Molly würde ihren letzten Japser machen. Aber sie hat mir treu die Stange gehalten und sich Meter für Meter raufgequält. Der Abschied von ihr fiel mir schon ganz schön schwer. Immerhin besitze ich noch das Nummernschild, ein paar Fotos und jede Menge gute Erinnerungen. Das war im Schnelldurchlauf der Zusammenschnitt der letzten anderthalb Monate meines Ausreißerlebens in Kanada.

Wie ergeht es dir so? Wie ich gelesen habe, hast du deine erste Kanutour schon hinter dich gebracht. Ich beneide dich, dass du noch ein paar schöne Monate vor dir hast. Was hast du noch so alles getrieben bisher? Ich hoffe du bist nicht unterwegs gekentert! Melde dich, wenn du mal Langeweile (Scherz) haben solltest. Ich möchte demnächst von dir hören, wie gut es dir geht und wie schön Kanada doch ist. Nicht das ich das nicht wüsste! Aber es ist doch immer wieder schön zu hören. Also noch viel Spaß und genieß deine Zeit!!

Ciao
Silke

Yukon-Rundmail 2.4

Die Nachtfahrten waren echt geil. Die erste startete ich kurz bevor der Teslin in den Yukon mündet. Es war zwar nicht dunkel, aber neblig-dunstig. So musste ich nach Gehör fahren: Ich kann jetzt Sweeper – schräg stehende Bäume, die das Kanu umkippen oder mich selbst aus dem Kanu switschen können – und log jams – halbe Wälder, die sich im Wasser liegend angesammelt haben und einen mitsamt Kanu darunter ziehen können – am Geräusch unterscheiden. Um Mitternacht floss ich dann in den Yukon. Das erkannte ich vor allem an den vielen Kanus, die plötzlich an den Ufern beider Seiten lagen (mindestens 20, ergo mal wieder total überfüllt; der Yukon ist halt der Highway unter den Flüssen des Territoriums). Das sah ganz schön gespenstisch aus: Die Kanus umgedreht wie gestrandete Wale, die Zelte mehr oder weniger bunte Flecken in der Dunkelheit und kein Laut zu hören.

In Gesprächen hätte ich immer behauptet, dass ich den Yukon im Schlaf fahren könnte – während des Studiums jobbte ich in den Semesterferien als Kanureiseleiter und paddelte den Yukon fünf mal von Whitehorse bis Dawson City –, aber eigentlich wollte ich das nicht in die Tat umsetzen. Zwischen 4 und 5 Uhr waren die Lider stärker als der Wille und ich ratzte unfreiwillig ein Stündchen, führerlos auf dem Yukon treibend. Und (hallo Vera, du wirst es nicht glauben) es war in einer Nacht so kalt, dass ich mir sogar eine lange Hose, Strümpfe, Schuhe, Pullover und Jacke anzog. In echt, ayyyyyyyyyy.

Am Big Salmon Village fließt der Big Salmon in den Yukon. Das ehemalige Dörfchen besteht nur noch aus einigen Blockhütten. Einige Bereiche des Friedhofs und weite Teile des umliegenden Waldes wurden 1995 ein Raub der Flammen. Auch damals war ich auf dem Yukon unterwegs und paddelte durch die brennenden Wälder. Idealer Nährboden für die Nationalpflanze des Yukons, das Fireweed. Die Blüten des Weideröschens leuchteten zwischen schwarzen Baumstämmen, hellgrünen Sträuchern, dunkelgrünem Fluss und blauem Himmel knatschrot auf. Das musste ich unbedingt aufs Zelluloid bannen. Ich hüpfte, robbte, kniete, ringelte, lag und verrenkte mich für die richtige Perspektive. Danach sah ich selber aus wie ein Waldbrand (und roch auch so).

Die blöden Fische hab' ich ja echt gefressen, bzw. ich hätte gerne. Diese saudummen Viecher schwammen hinter meinem Blinker her, guckten sehr interessiert – ich konnte sie sogar sehen –, rissen das Maul auf um zuzuschnappen und drehten im letzten Moment ab. Ich habe mich schon mit führenden Fischexperten zusammengesetzt, aber wir konnten keinen gravierenden Fehler erkennen. Obwohl, der erzählte etwas von Geduld oder so. Was ist das denn für ein Wort?

Yukon-Rundmail 2.5

Eines abends überraschte ich einen Biber bzw. wir uns gegenseitig. Er guckte dumm, ich auch, er haute nicht ab und ich machte kein Foto. Schweinehund, hochgelegte Ratte, verdammte. Vor Carmacks, am Little Salmon River Village (Jürgen weißte noch, die mit den Gräbern, die aussahen wie bunt bemalte Hundehütten – also bei Winnetou war dat ganz anders) sah ich zufällig den Trailer von den Kanoe People, mit denen ich immer zusammenarbeitete, als ich noch im Ausland Reiseleiter spielte (!, missgünstige Freunde wollen mir das immer als Urlaub anrechnen). Kanu drauf, Berti rein und ab.

Eigentlich holten sie eine Gruppe Japaner – die ließen sich wirklich den Arsch hinterher tragen – und eine Kanadierin von ihrem Kanutrip über den Yukon ab. Die muss ich auf dem Fluss irgendwann nachts mal überholt haben. Für die Mitfahrt – das sind immerhin fast 200 Kilometer zurück nach Whitehorse – half ich dem armen Dallas (wie kann man jemanden nur nach einer Fernsehserie benennen?), die Kanus aufzuladen, während Joe die Schlitzaugen beschäftigte. Auf der Rückfahrt musste ich mit Linda in ihrem Buch Flugtiere identifizieren. In Whitehorse ließ ich meine Klamotten und das Kanu bei den KP – beim Raustragen des Kanus aus dem Wasser hatte ich mich am Sitz festgehalten; kurze Zeit später hielt ich den Sitz immer noch in der Hand, aber das Kanu war nicht mehr dran; wir müssen das morgen flicken – und die Japse mit zu ihrem Hotel gebracht. War natürlich voll und die Reservierung nirgendwo zu finden. Also musste Joe nach einem anderen Hotel suchen. Bin ich froh, dass ich nicht mehr den Bärenführer spielen muss.

Anschließend per Anhalter zurück nach Johnsons Crossing. Also mit dem eigenen Auto geht alles schon schneller, aber ich vermisse die interessanten Gespräche mit den Einwohnern (und natürlich die Einladungen usw.). Nach JC trampte ich mit drei verschiedenen Leuten. Der eine wollte mich in seinem Kleinflugzug mal 'ne Runde mitnehmen, aber das klappte nicht, weil er nächste Woche in China arbeiten muss und ich längst wieder auf einem Fluss sein will. Anthony stammt aus Frankreich, hatte wie ich seinen Job gekündigt und reiste jetzt durch die Gegend, um Fotos zu machen. Wir erkannten uns schnell als artverwandte Seelen. Trotzdem wir uns nur rund eine halbe Stunde sahen, besteht der Kontakt immer noch. Es lebe das Internet.

In JC angekommen, sprang mein Auto natürlich nicht an und war außerdem von dort lebenden Schwalben vollgekackt worden (ich finde, dass die kotzgrüne Farbe des Autos seit dem viel besser rüberkommt). Die Batterie hatte sich entladen, ein Streich, den sie mir des öfteren spielte. Für 'ne Büchse Bier wurde überbrückt. Wegfahrend sah ich einen Fuchs auf der anderen Straßenseite sitzen. Also raus aus dem Auto, hatte nur die Kleinbildkamera dabei, aber der ließ mich so nah ran, von dem hätte ich einen Fuchsschwanz für meine Pia bekommen können. Oder ich sammle und mach mir einen Mantel draus.

Ein lebender Fuchsschwanz.

Eine Nebenstraße nach Whitehorse zurück genommen. Nach etwa zehn Kilometern springen da drei kleine, schwarze Bärchen über die Straße. Vollbremsung, aus dem Auto und hinterher. Plötzlich fiel mir siedend heiß ein, dass derartiges Verhalten unter Umständen Antipathien seitens der Bärenmutter nach sich ziehen kann. Mit Pia zurück nach Whitehorse und einen der schönsten Sonnenuntergänge meines Lebens gesehen. Wie auf einer Kitschpostkarte (das muss man erlebt haben, ne Jürgen?).

Hallo Berti,

hier ein Witzken, um deine Englischkenntnisse ein wenig zu vertiefen:

An 80 year old man is having his annual checkup. The doctor asks him how he's feeling.
„I've never been better!" he replies. „I've got an eighteen year old bride who's pregnant with my child! What do you think about that?"
The doctor considers this for a moment, then says, „Well, let me tell you a story. I know a guy who's an avid hunter. He never misses a season. But, one day he's in a bit of a hurry and he accidentally grabs his umbrella instead of his gun. So, he's walking in the woods near a creek and suddenly spots a bear in some brush in front of him! He raises up his umbrella, points it at the bear and squeezes the handle......*BAM* The bear drops dead in front of him."
„That's impossible!" said the old man in disbelief, „Someone else must have shot that bear."
„Exactly."

Jürgen

Yukon-Rundmail 2.6

Heute ließ ich meinen Wagen für Inuvik ganz oben im Nordwesten des Nordwest Territoriums fit machen. Neue Reifen mit Felgen vom Schrottplatz, das Wechseln wollte ich selber besorgen, da ich meinte, das sei selbst mit meinen beschränkten technischen Kenntnissen zu machen. Fehler, großer. Dieses blöde Auto – sorry Pia – fiel vom Wagenheber, als ich gerade zwei Räder gelöst hatte. Mit Hilfe eines Abschleppwagens, eines Mechanikers, jeder Menge Schweiß und verdreckter Klamotten löste ich dieses kleine Problem bereits zwei Stunden später. Den Ölwechsel und andere Sachen ließ ich dann lieber durchführen und beschränkte meine Tätigkeit auf das Wechseln der Wischerblätter. Morgen Kanu reparieren, Futter einkaufen und erst mal ab nach Ross River, über dat gleichnamige Flüsschen in den Pelly, weiter nach Dawson und dort: Party on. Das Klima ist wohl sehr schlecht da, ich wache jedenfalls immer mit Kopfschmerzen auf. Oder doch mit Joe nach Alaska Seekajak fahren? Nee, lieber nicht, ich brauche Süßwasser.

Okay, ich melde mich in zwei bis drei Wochen oder so. Hey, ich höre gerade von Mel, dass heute im Lizzard wieder eine Live-Band spielt und das Bier nur einen Dollar kostet. Vielleicht starte ich doch erst Montag?

Tallyhoe for the Yukon
Pontiac- und Teslin-Berti

Hallo Pia,

nach deinem ausführlichen Bericht bin ich erst einmal so erschlagen, dass ich nicht weiter-arbeiten kann und beschlossen habe, dir ein paar Zeilen zu mailen. Also ich muss schon gestehen, dass ich einige Schwierigkeiten hatte, deinem Bericht zu folgen. Aber wie ich weiß, hast du ja Verständnis für Blondinen.

Viel Spaß weiterhin
Steffi

Yukon-Rundmail 3.1

Hallo Cheechackos (so heißen die Greenhorns hier),

es folgt der Ross- und Pelly-River-Bericht:

Bin mit Pia über die Canol Road zum Sheldon Lake, dem Ausgangspunkt meines Kanutrips, gefahren. Die muss man sich wie einen 500 Kilometer langen Sandkasten vorstellen. Aber traumhafte Ausblicke. Auf der ganzen Strecke sah ich nur sieben Autos, zwei Motorradfahrer – natürlich Deutsche – und drei Fahrradfahrer.

In Ross River war Schluss, weil man hier nur per Fähre über den Fluss kommt und diese nur bis 17 Uhr fährt. Bis jetzt war ja Carmacks für mich das Pisskaff des Yukons schlechthin, aber Ross River stellt es bei weitem in den Schatten. Hier sagen sich noch nicht einmal Fuchs und Hase „Gute Nacht", weil kein Fuchs da ist. Abends um 23 Uhr gab es auch nichts mehr zu essen, aber bekanntlich ersetzen ja drei Bier eine Mahlzeit. Insofern speiste ich doch noch.

Am folgenden Morgen ging etwa 50 Meter vor der Tankstelle der Motor aus: Kein Sprit mehr. Das war ja haarscharf getimt. Das Stück konnte ich gerade noch schieben. Mit der Fähre ans andere Ufer und weiter über die North Canol Road. Jetzt ist noch weniger Verkehr, denn ab hier ist die Canol Road eine Sackgasse, wenn auch mit knapp 400 Kilometern eine recht lange. Sie endet auf dem McMillan Pass, der gleichzeitig auch die "Grenze" zum Nordwest Territorium bildet. Hier und da sah ich alte Trucks, die nach dem Bau des Highways einfach stehen gelassen wurden. Eigentlich ja eine Umweltverschmutzung, geben sie für mich doch schöne Fotomotive ab. Die Maschinen rotten vor sich hin und Pflanzen bahnen sich ihren Weg durch die Karosserien.

Mein Ziel, den Sheldon Lake, erreichte ich nach weiteren ungefähr 200 Kilometern. Leider hatte ich den Reiseführer nicht aufmerksam genug gelesen. Der See ist so etwas wie ein Mückenzuchtgebiet. Versuchte abends im Auto zu pennen, aber irgendwie schafften es die Viecher immer, da rein zu kommen, obwohl ich jede Ritze abgedichtet glaubte. Habe dann Mücken erschlagen, ertreten, zerdrückt, zerquetscht, geachtelt usw., dass das Blut nur so spritzte. Schade nur, dass es meins war. In anderen Ländern wollen sie nur das Geld der Touristen, hier muss man zusätzlich noch mit Blut bezahlen.

Blutleer und mit dick geschwollenen Schultern ging ich also am nächsten Tag auf den See. Nach rund 500 Metern durch dichtes Schilf – wenn man schon 'ne Karte hat, sollte man vielleicht auch mal drauf gucken, um sich derartiges zu ersparen – war ich auf dem Ross River und hatte keine Mücken mehr. Jedenfalls nichts, was der Rede wert gewesen wäre. Der Fluss schlängelte sich durch den Wald und wurde noch zweimal durch Seen unterbrochen, bevor es richtig los ging.

Yukon-Rundmail 3.2

Der Fluss war glasklar. Ich habe am Ross jede Menge Tiere gesehen. Jeweils morgens um 14 Uhr – ich stand meistens etwas später auf – sah ich an drei Tagen hintereinander eine Elchkuh mit Kalb. Ich hegte ja schwer den Verdacht, dass das Touristenbüro die immer einen Tag weiter schickte. Sehr schön war es anzusehen, wie die Elchkuh dem Kalb geradezu zärtlich den Kopf in den Nacken legte. Dazu gab es reichlich Weißkopfseeadler – einer fungierte als sehr interessierter Zuschauer beim Spatengang –, Biber, Schwarzbären und einmal sogar drei junge, pechschwarze Timberwölfe. Ich war hin und hergerissen, ob ich anhalten oder weiterfahren sollte, um die Jungs nicht zu stören. Ich entschied mich für die tierfreundliche Variante.

Meine „morgendlichen" Elche.

Das sind die sogenannten Highlights, die man an Verwandte und Freunde weitergibt bzw. per Foto zeigen kann. Doch diese machen für mich nicht das Eigentliche einer Tour in Kandas Nordwesten aus. Das sind nämlich die schönen Paddeltage, während derer ich die Landschaft genieße, ein bisschen vor mich hinträume oder wilde Pläne schmiede. Es ist einfach klasse, wenn man nach einem anstrengenden Paddeltag, sein Essen auf dem Lagerfeuer brutzelt – es ist immer genau dann fertig, wenn der Sonnenuntergang gerade in seiner schönsten Phase ist, doch meistens siegt der Bauch über den Fotoapparat –, beim Essen ein Bierchen trinkt und Teil einer unberührten Natur ist, über der ein in Pastelltönen getauchter Himmel scheint. Das kann man nicht nur sehen, sondern man muss es mit allen Sinnen leben.

Abends wird auf dem Lagerfeuer das Essen gebrutzelt.

Na ja, vielleicht sollte man einen Sinn ausschalten. Ich habe es nämlich geschafft in jedes meiner selbst gekochten Essen – bis auf die Pfannkuchen – mindestens eine Riesenzwiebel und zwei Knoblauchzehen zu schmeißen. Also, wenn jemand über Nordamerika fliegt und die Luft schlecht wird, bin ich das wahrscheinlich. Mit den Pfannkuchen hatte ich auch einen heißen Tanz. Da ich reichlich Platz hatte, wollte ich den Pfannkuchen mit Schwung in die Luft werfen und wieder mit der Pfanne auffangen. Nicht bedacht hatte ich jedoch, dass meine Pfanne mit einem Klappgriff versehen ist. So landeten Fett und Pfannkuchen auf meinem Arm bzw. den Steinen. An einem anderen Abend hatte ich eine konstruktive Diskussion mit einem Topf: Während ich der festen Überzeugung war, dass er mittlerweile erkaltet sein müsste, meinte er, noch heiß sein zu müssen. Der Verlierer dieser Diskussion – also ich – erhielt eine Brandblase, der Sieger – der Topf – schien davon kaum berührt.

Einmal schepperte ich mit dem Kanu übel über einen zuvor nicht gesehenen Stein, der uns fast umgeworfen hätte. Das erinnerte mich daran, dass ich als Solopaddler besondere Sorgfalt walten lassen muss. Schließlich ist keiner da, der mir helfen könnte. Vor jedem Sprung ins Kanu schlage ich mir auf die Brust, um mich zu vergewissern, dass ich die Schwimmweste trage. Der zweite Griff geht zur Hüfte, an der mein Notfallpäckchen mit wasserdichten Streichhölzern, Einwegfeuerzeug, Kompass, Papier und Kugelschreiber usw. sowie – bin ja ein moderner Traveller – Kreditkarte befestigt ist. Mit Griff Nr. 3 kontrolliere ich, ob mein Allzweckwerkzeug (bevor irgend jemand auf dumme Gedanken kommt, es ist ein Leatherman Tool gemeint) und die Taschenlampe am richtigen Platz sind.

Drei pechschwarze Timberwolfwelpen am Ufer des Ross Rivers.

Hallo Berti,

ich habe mich über alle deine „Emil`s" sehr gefreut. Ich wusste gar nicht, dass du so gerne schreibst. Jedenfalls freue ich mich, dass dein Aufenthalt dir offenbar besser gefällt als du zu wünschen gehofft hast. Mensch, du erlebst ja richtig was. Und bei all dem keine dusselige Reisegruppe, von denen du eh den einen oder anderen nicht leiden kannst.

Deinen Erzählungen glaube ich zu entnehmen, dass dein Repertoire an Kochrezepten von Reis mit Patsche und Patsche mit Reis sich sogar schon über Pfannkuchen weiterentwickelt hat. Möglicherweise kannst du jetzt schon unfallfrei ein Spiegelei braten? Ich bin von den Socken. Das bestärkt mich doch wieder mal in meiner Meinung, dass man mal ins Ausland muss, um seine wirklichen Fähigkeiten ans Licht kommen zu lassen. Ha, dann werden wir ja doch noch unser selbst zubereitetes Essen bekommen? Egal wie weit du weg bist, du entgehst den Pflichten in der Heimat nicht. Deinen Berichten zufolge werden wir aber kaum mit selbst gefangenem Fisch rechnen können.

Und deine ganzen Nachtfahrten – Junge, du schläfst doch nicht zu wenig? Da könnte man sich ja direkt Sorgen machen. Jedenfalls scheint deine Entscheidung der Zivilisation mal für eine gewisse Zeit den Rücken zu kehren richtig gewesen sein. Ich, und sicherlich nicht nur ich, beneide dich dafür. Ich glaube nicht, dass ich den Mut hätte, so einfach mir nichts dir nichts über den großen Teich zu fliegen. Wahrscheinlich dürfen wir ja mal deine Fotos und Dias betrachten. Oder müssen wir sogar? Wir wünschen dir noch viele supertolle Tage und Erlebnisse und sind schon ganz gespannt auf deine nächsten Berichte. Lass es dir verdammt noch mal so richtig saugut gehen und bleib schön gesund und munter.

Was ich dich noch fragen wollte: Bist du unter die Jäger gegangen? Das würde den heutigen Bericht in der Zeitung erklären: „Kanadischer Ötzi ist mindestens 5000 Jahre alt." Und weiter im Text „..... Im Norden Kanadas haben Jäger <u>den gut erhaltenen Körper eines Mannes</u> *(dem kann ich nur zustimmen)* entdeckt, der dort seit Tausenden Jahren im ewigen Eis liegt......Der Körper des Mannes ist in ein Kühlhaus in Whitehorse gebracht worden." Und unser Berti mittendrin. Ist ja nicht zu fassen. Aber das bestätigt mal wieder meine Meinung: Wo du bist, da ist auch was los, wie damals an der Dordogne.

Suse und Jürgen

Yukon-Rundmail 3.3

Ach ja, der Ross hatte auch einige Stromschnellen. Der Prevost Canyon sollte es in sich haben. Aber sie waren einfach lächerlich. Zumindest, wenn man glaubte, eine Rakete auf dem Fluss zu sein und sie schon längst hinter sich zu haben, so wie ich. Ich wollte gerade etwas von den dauernd übertreibenden Kanadiern in mein Reisetagebuch schreiben, da hörte ich ein neuerliches Rauschen. „Da schau her," dachte ich, „das hört sich ja auch wie Stromschnellen an". Aber im Flussführer war gar kein weiterer Canyon verzeichnet. Ich kombinierte blitzschnell (sehr relative Aussage), dass dieses wahrscheinlich der Prevost Canyon sei. Gegen Ende dieser Überlegungen war ich noch ungefähr 15 Meter von den Stromschnellen entfernt. War also nichts mehr mit vom Ufer aus angucken. Linie gewählt und rein. Eine große stehende Welle links umfahren, rechts an der dahinter liegenden Walze vorbeigezischt, ein paar hohe Wellen abgerollt, einige Felsen touchiert und geschafft. Mein Kanu heißt seitdem „'Shit' – Rumms" (kannst du dich noch erinnern Suse?). Wenn ich mir die Stromschnellen vorher angeguckt hätte, hätte ich wahrscheinlich umgetragen.

Ein anders Mal sah ich einen frischen Zweig vergnügt im Fluss einhertreiben. Ich fuhr darauf zu, um zu überprüfen, ob das ein Biberbiss wäre und verifizierte das sehr schnell. Der Biber hing nämlich noch dran. Er hatte für diesen Ast wohl ziemlich hart arbeiten müssen und wollte ihn wegen eines blöden deutschen Kanuten wahrscheinlich nicht aufgeben. Ich ließ mich treiben und verfolgte den Biber mit Augen und Kamera, bis er mitsamt des Astes in seiner Burg verschwand. An den relativ steilen, sandigen Ufern zu beiden Seiten sah ich viele Elchspuren, konnte mir aber irgendwie nicht vorstellen, dass die Jungs mit ihren staksigen Beinen da wirklich rumturnen. Einmal sah ich dann von weitem an einem Steilufer einen Baum, der wie ein Elch aussah. Witzig, dachte ich, bis zu dem Moment, als ich feststellte, dass es ein Elch war, der wie ein Baum aussah. Damit war auch die Steiluferfrage geklärt.

Außerdem fing ich ein neues Spiel an, das jedoch nur spaßig war, so lange ich es gewann: Beim Anlanden zog ich mein Kanu gerade eben so aus dem Wasser. Bei Platzuntersuchung und Zeltaufbau hatte ich dann ein waches Auge aufs Kanu und wenn es sich vom Ufer löste, war ein Spurt angesagt. Mehrmals erwischte ich das Bötchen nur knapp, einmal musste ich bis zu den Knien, ein anderes mal bis zur Hüfte ins Wasser. In einer Nacht wurde ich zufällig so um 1 Uhr wach, ging aus dem Zelt und das Kanu war weg. Glücklicherweise hatte es sich fünf Meter weiter im Gebüsch verfangen und ich zog es an Land. Das Ganze bei Nordlicht. Es wäre ein ganz schön langer Marsch geworden. Wie gesagt, ein ziemlich dummes Spiel, das ich nach dem nächtlichen Erlebnis auch aufgab.

Das Wetter auf dem Ross River war klasse. Viel Bewölkung und ab und zu Regen. Jedoch nie länger als anderthalb Stunden, also innerhalb der tolerablen Grenzen. Zum Abend verzogen sich die Wolken meist und es war oft klar. Nicht so doll für die Fotos, aber ideal zum paddeln. Ich kam auch hier an sehr vielen alten Waldbrandgebieten vorbei. Teilweise ist es am linken Ufer schwarz und verbrannt und rechts grün und blühend. Ein Kontrast, wie er größer nicht sein könnte. Der Ross verabschiedete sich mit vielen kleinen Stromschnellen und Felsen im

Wasser von mir. In den sieben Tagen und rund 200 Kilometern bis Ross River City, sah ich keinen Menschen. Göttlich.

Nicht mit Geld zu bezahlen: Ruhige Abende am Ross River.

Yukon-Rundmail 3.4

In Ross River City, wo der Ross in den Pelly fließt, kaufte ich kurz ein und paddelte weiter auf dem Pelly River. Später am Tag passierte ich die Ortschaft Faro und kam in die im Flussführer beschriebene „echte Wildnis". Sah auch direkt einen Bären am linken Ufer. Leider fing es gerade an zu regnen. Also Regenplörren anziehen. Treibenderweise landete ich in einem Kehrwasser. Bärli war zuerst verschwunden, bis ich ihn durch den Fluss kraulen sah. Bei der anschließenden Kanuverfolgungsjagd wurde ich nur Zweiter. Kurz vor ihrem heutigen Untergang kam die Sonne doch noch mal heraus und ließ die umliegenden Berge strahlen. Pellyglühen, oder was?

Der Pelly ist viel breiter als der Ross, aber trotzdem sehr schön. Die bewachsenen Hügel wichen schroffen, steilen, felsigen Bergen, teilweise im Gipfelbereich noch mit Schnee bedeckt. Viele wurden noch nie von einem Menschen betreten und für mich ist es das Gebiet der namenlosen Berge. Nur ganze Bergketten werden benamst. Ich paddelte in ruhigem Rhythmus durch das Land. Das ist das Schöne beim Kanufahren: Man braucht das Gepäck nicht auf dem Buckel schleppen und kommt flott voran. Es ist ein Reisen mit und nicht auf der Natur und deshalb gilt der Spruch „Der Weg ist das Ziel" für mich hier besonders. Die Little und die Big Fishhook Rapids nach rund 130 Kilometern befuhr ich problemlos.

Viel härter traf mich der große Wetterumschwung: Wolkenlos und 30°. Am ersten Tag taumelte ich um 19 Uhr an Land, baute das Zelt auf und fiel auch schon rein. Dabei hatte ich den ganzen Tag kaum gepaddelt, sondern mich von der Strömung treiben lassen und möglichst jedes Stückchen Haut mit Kleidungsstücken bedeckt. Außerdem jumpte ich jede zweite Stunde in den Fluss. Trotz seiner Kühle schwitzte ich mir bereits beim Anziehen der Klamotten einen Wolf. Abends war dieses Wetter natürlich erste Sahne. Laue Temperaturen und schöne Sonnenuntergänge. Am folgenden Tag die gleiche Hitze. Einziger Vorteil: Ich stand früher auf und fuhr eher los. Um 14 Uhr gab ich auf, landete an einem Bach kurz hinter dem Zufluss des Mc-Millan Rivers an und legte mich mit Isomatte und Schlafsack (und Mückennetz über der Kopföffnung, obwohl selbst die Biester anscheinend vor der Hitze kapitulierten) unter einen schattenspendenden Strauch. Um 20 Uhr startete ich erneut.

Nach gut einer Stunde sah ich etwas Braunes ins Wasser springen und gegen die Strömung treiben. Den Biber wollte ich mir doch genauer angucken. Plötzlich war er verschwunden, dafür sah ich etwas Schwarzes am Ufer. Ein Schwarzbär und zwar ein Prachtexemplar von Männchen. Ich also ins Kehrwasser gepaddelt, bis auf 15 Meter ran und mit der Kamera draufgehalten. Der Bursche ließ sich nicht im geringsten stören. Wir wurden dabei scharf von zwei Bibern auf Patrouille beobachtet, die des öfteren abtauchten und mit ihrem Schwanz aufs Wasser klatschten. Normalerweise warnen sie damit ihre Artgenossen, aber die wollten uns beide – Bär und Bärti – nur loswerden. Was die wohl vorhatten? Meister Petz dackelte dann ein Hügelchen hoch und verschwand in den Stäuchern.

Der Schwarzbär am Ufer des Pelly Rivers ließ sich von mir nicht im geringsten stören.

Bis kurz vor 24 Uhr paddelte ich, wobei es immer noch hell war. Dann auf eine Insel, Feuer-chen gemacht, Essen gekocht und Lagerfeuer, Ruhe und Natur genossen. Vom gegenüberlie-genden Ufer war immer so ein Brummen zu hören. Ich versuchte mir einzureden, dass das ein Elch sei, aber wusste es eigentlich besser. Irgendwann rief ich dem Bären mal rüber, dass er doch ruhig sein solle, da ich beim Essen sei und nicht gestört werden möchte. Nutzte nix. Un-höflicher Kerl.

Hallöchen Berti,

wie ergeht es dir so? Wie ich gelesen habe, hast du deine erste Kanutour schon hinter dich gebracht. Ich beneide dich, dass du noch ein paar schöne Monate vor dir hast. Was hast du noch so alles getrieben bisher? Ich hoffe du bist nicht unterwegs gekentert! Ich hoffe demnächst von dir zu hören wie gut es dir geht und wie schön Canada doch ist. Nicht das ich das nicht wüsste! Aber es ist doch immer wieder schön zu hören. Also noch viel Spaß und genieß deine Zeit!!

Ciao
Silke

Hallo Silke,

neben der kleinen Teslin-Einstiegs-Kanutour, bin ich auf Ross und Pelly River gewesen. Absolut klasse, Bären, Wölfe, Elche und jede Menge andere Viecher gesehen. Und keine Menschen. Megageil. Ich habe an meine Freunde Auszüge meiner Erlebnisse geschickt, werde dich jetzt auch in den Verteiler aufnehmen und die bisherigen nachschicken.

Bis bald
Berti

Yukon-Rundmail 3.5

Um 4 Uhr morgens war es bereits hell genug, um weiterzufahren und zur Abwechslung mal einen grandiosen Sonnenaufgang auf dem Fluss zu erleben. Fünf Stunden später erreichte ich die hiesigen Stromschnellen am Granite Canyon. „Erste leicht", „zweite links" und „dritte rechts", hatte ich mir aufgeschrieben. Als Meister der Stromschnellen (MdS) hatte ich es nicht mehr nötig, mir das vom Ufer aus anzugucken. Hochmut kommt vor dem Fall. Also rein, bei der ersten fünf Liter Wasser aufgenommen, bei der zweiten böse über einen Felsen geschliddert und bei der dritten von zwei gegenläufigen Strömungen herumgeworfen. Aber der MdS schaffte es wieder. Ich glaub', ich muss mich doch mal um das Wildwasserfahren bemühen, das macht nämlich irre Spaß (zumindest, wenn es klappt).

Kurz darauf, nach rund 360 Kilometern auf dem Pelly River, erreichte ich die ersten Anzeichen menschlicher Ansiedlung (sechs Tage wieder keinen Menschen gesehen). Also gebadet, gewaschen und frische Klamotten angezogen. Es war erneut otterwarm und die Entscheidung, nur bis Pelly Crossing und nicht über den Yukon bis Dawson City zu fahren, war längst gefallen. Ich schwitzte still vor mich hin, erreichte das erste menschliche Anwesen und sah ein Wasserflugzeug davor. Steuerschlag, ans Ufer, Kanu an Land gezogen und den Typen gefragt, ob er auch blöde Touristen fliegt. Macht er. 450 Dollar wollte Bob für den Flug zum Sheldon Lake haben. Na ja, ich sparte eine Menge Zeit, beim trampen wäre ich wahrscheinlich einem Hitzschlag erlegen, ich könnte bei diesem klaren Himmel schöne Aufnahmen machen und ob ich über die North Canol Road zum See mitgenommen worden wäre, war mehr als fraglich. Zugesagt, ein paar Sachen mitgenommen und schon waren wir in der Luft.

Wir flogen mit einer zweisitzigen Cessna – Typ: urig, wackelig und ratternd – von 1953 über den Pelly, von dem ich so jede Menge Bilder aus der Vogelperspektive machen konnte. Die Landschaft sah direkt komplett anders aus und ich konnte die großen Schleifen des Flusses hervorragend sehen. Der sich teilende Fluss mit den zahlreichen Nebenarmen und Inseln, bildete aus der Luft gesehen, merkwürdig regelmäßig-unregelmäßige, geometrische Figuren, die von der Form an alte Höhlenzeichnungen erinnerten.

Während der Wald vom Kanu aus gesehen wie eine grüne, undurchdringliche Wand erschien, sah ich vom Flugzeug aus, dass sie doch viele begehbare „Löcher" hatte. Dazu tausende kleine Seen, die auf keiner Karte verzeichnet sind. Von der Sonne beschienen, wirkten sie wie glitzernde Augen, die einen aufmerksam beobachteten. Für meinen Piloten Bob war das Fliegen harte Arbeit. Er musste dauernd an irgendwelchen Rädchen drehen, Schalter umlegen, Sprit umpumpen, Turbulenzen ausgleichen usw. Er orientierte sich beim Fliegen an den Flüssen. Für die rund 560 Flusskilometer benötigte ich per Kanu 13 Tage, was bei der relativ geringen Strömung recht flott ist (bin doch 'ne Rakete). Die knapp dreihundert Flugkilometer legten wir in unter zwei Stunden zurück.

Mist, ich glaube ich bin den langen Weg links herum auf dem Pelly River gepaddelt.

Yukon-Rundmail 3.6

Mein Auto stand noch mitten an der Beach des Sheldon Lakes. Ich hatte es nicht wegfahren können, weil die Batterie sich wieder einmal selbst entladen hatte. Das hatte ich auch auf einen Zettel geschrieben, den ich unter die Windschutzscheibe gelegt hatte. Schon von oben konnte ich Pia und direkt daneben eine achtköpfige Reisegruppe ausmachen. Wir landeten, ich stieg aus dem Flugzeug und hatte die von Bob zur Verfügung gestellte Batterie zum Überbrücken unter dem Arm. Die Leute der Reisegruppe lachten sich halbtot. Sie hatten meinen Zettel gelesen und als sie unser Flugzeug landen sahen gefrotzelt, dass da wahrscheinlich die neue Batterie eingeflogen werde.

Motor gestartet, ein wenig laufenlassen und los gefahren. Ohne Kanu auf dem Dach, mit dem ich einen cw-Wert wie der Kölner Dom habe, gab ich auf der Schotterpiste richtig Gas. Für die maximal 30 Autos pro Tag, von denen zehn noch von Straßenarbeitern der Regierung waren, würden die bestimmt keine Radarfalle aufstellen. Und so konnte ich wie einst Walter Röhrl durch die Gegend heizen. 60 war erlaubt, 80 zeigte der Tacho oftmals. Driften, Reifen durchdrehen lassen usw. – Pia machte einfach alles mit. Wir sind uns sowieso sehr ähnlich: Sie entledigt sich unnützer Teile wie Auspuff (der Sound wird immer besser), Radblenden und Heckklappenschloss, ich lasse Tankverschlüsse, Handtücher, Kameraklappen und meine Blinker liegen.

Mit dem Angeln war es nämlich wieder nichts gewesen. Zuerst versenkte ich einen Blinker nach dem anderen, dann zerstörte ich das Schnursystem und schließlich ließ ich Blinker, Gewichte und Vorfächer versehentlich am Ufer des Ross stehen. Dabei konnte ich die Schwimmtiere besonders im klaren Ross gut erkennen. Später wickelte ich die Schnur um ein Holzstück, aber die Fische sprangen nur aus dem Wasser und amüsierten sich köstlich darüber. In Ross River City war mal wieder Schluss mit weiterfahren, da ich erst um 18 Uhr ankam. Über eine ziemlich wackelig aussehende Holzbrücke erreichte ich zumindest eine Essstube – der Name Restaurant wäre nun wirklich geschmeichelt gewesen. Am nächsten Tag holte ich in Pelly Crossing mein Kanu und meine Ausrüstung bei Bob ab und fuhr weiter nordwärts.

So, das war die Kurzfassung meiner Erlebnisse. Viele kleine und lustige Geschichten habe ich weglassen müssen, weil ich das – wie oben geschrieben – einfach kaum schildern kann. Man muss dabei gewesen sein. Was noch ganz witzig ist: Die Straßen entlang fahrend sehe ich oft schöne Bildmotive. Da der Straßenrand aber meistens von großen Büschen gesäumt wird, heißt es zum Fotografieren anhalten, Kamera raus, aufs Wagendach klettern, auf den Boden des darauf liegenden Kanus stellen und „knips". Wenn die Sheriffs das mal sehen, muss ich bestimmt direkt pusten.

Vom auf dem Auto fest geschnallten Kanu kann ich am besten Fotos schießen!

Euch allen – vor allem denjenigen, die das erst am Montag lesen – wünsche ich eine schöne Arbeitswoche und vielen Dank für massenhaft Mails, durch die ich Kontakt mit euch halten kann. Es dauert wohl oft etwas, bis ich darin gestellte Fragen beantworten kann.

Sayonara und bis in zehn Tagen oder so
Pelly-Berti

Hi Berti,

ich hoffe dir geht's gut, nicht vom Bären gefressen, vom Elch getreten, vom Biber gebissen and so on. Deine letzte Rundmail war mal wieder super, besonders die Schilderungen deiner Eindrücke und Gefühle. Manchmal wünschte ich mir bei dir zu sein, aber nicht ohne Barbara und Max. Ob das dann so erholsam für dich wäre?

Max hat sich prächtig gemacht, er ist jetzt schon ein echter „Outdoorer": Wie Rüdiger Nehberg steckt er sich jede Menge Gras, Erde und allen möglichen anderen Unrat ins Maul, klettert auf Berge (vielleicht sind's auch nur Steine), stampft durch jedes Wasserloch und besudelt sich von oben bis unten mit Dreck. Ich glaub', er könnte dir bei deinem nächsten Trip hilfreich zur Seite steh'n.

Ich habe übrigens deine Mails auch Frittchen Gerd gegeben, er ist genauso begeistert wie die anderen eifrigen Rundmail-Leser. Barbara und MJP wollten dir unbedingt selber etwas schreiben. Zuerst ist – ladies first – Barbara an der Reihe.

Hey Berti!

Jeden Tag, wenn Didi von der Arbeit kommt, warte ich schon gespannt, ob es wieder was Neues aus Kanada zu berichten gibt. Teilweise hab' ich echt die Tränen in den Augen steh'n gehabt, so schön hast du die Landschaft und deine Eindrücke geschildert. In der neuen „Outdoor" sind Fotos vom „Indian Summer", da musste ich auch direkt an dich denken, den hast du ja jetzt wohl bald „live" – oder ist das am Yukon nicht so extrem wie im Osten Kanadas?! So, damit die Mail nicht zu groß wird mach' ich für heute mal Schluss, ich freu' mich schon auf die nächste Nachricht von dir!!!

Liebe Grüße
Barbara (und bestimmt auch von Max, wenn er's sagen könnte!)

Und nun folgen die literarischen Ergüsse von MJP.

Hallo Berti!

Es ist schon eine merkwürdige Sache: man sieht sich wochenlang nicht – bekommt aber seitenweise Erlebnisberichte, Schilderungen und Eindrücke rübergebeamt – ohne jemals eine kanadische Briefmarke zu entdecken! Das muss wohl die moderne Kommunikation sein! Wie dem auch sei, Deine Mails lese ich immer mit großem Interesse. Soweit alles toll. –

Oder so – ich weiß es nicht – hier ist so das meiste in Butter – was soll sich auch groß ändern? So, das muss reichen – sonst muss Didi so lange tippen. Lass es dir richtig gut gehen, auf bald und halt die Ohren steif (Kommentar Didi: aber nur die Ohren :-).

Gruß
Michael J. P. + family

So das war's nun vom Niederrhein.
Viel Spaß und alles Gute weiterhin im schönen Kanada.

So long
Didi

Yukon-Rundmail 4.1

Hey Leute,

eigentlich müsste ich ja ein ganzes Buch (!) über das schreiben, was ich erlebt habe. Ihr erhaltet erst mal einen kleinen Einblick und dieses Mal vor dem Wochenende.

Sorry übrigens, falls ich einigen nicht geantwortet habe, aber die Unicums – da habe ich meine kostenfreie E-Mail-Adresse – hatten vor einigen Wochen massive Probleme mit ihren Internetseiten, so dass einige Mails verloren gingen. Ansonsten werden Leute, die mir nicht über sich, Verwandte, Freunde und andere Ärgernisse schreiben demnächst ausgelistet. Ich brauch' ja nur so ganz allgemeine Informationen wie Kontostand, Abbuchungserlaubnis, Gewicht, Sexualleben usw.

Recht selten trifft man auf dem 750 Kilometer langen Dempster Highway auf andere Autos.

Jetzt aber los: So kurz vor Dawson City biegt der Dempster Highway vom Klondike Highway nach Inuvik ab. Schon weit vorher wurde ich jedoch sehr müde – ist ja schließlich anstrengend, was ich hier treibe – fuhr an die Seite an einen See und pennte ein Stündchen. Beim Aussteigen und Gucken auf den See entdeckte ich einen Elch. Zum Auto zurück, entdeckte ich, dass ich mal wieder das Licht angelassen hatte. Aber erst mal die Kamera raus und auf den Elch halten. Dann kam ein Pick-up mit Wohnwagen zu dieser entlegenen Stelle und die Jungs überbrückten schnell mal eben, so dass ich wieder mobil war. Beim Überbrücken – das mit dem Licht passierte mir öfter, da man es hier auch am Tage eingeschaltet haben muss – lerne ich oft nette Leute kennen und es ist damit ein guter Ersatz für das Trampen.

Der Dempster Highway ist so 750 Kilometer lang, nur Schotter und soll ziemlich reifenmordend sein. Egal. Die ersten Kilometer und schon war ich von der Landschaft entzückt. So Schottland- und Norwegenähnlich: mit Gras bewachsene Berge, enge und breite Täler, Seen und Flüsse. Es dämmert und ich suche mir einen schönen Schlafplatz. An irgendeinem Fluss Iso-Matte und Schlafsack raus, Moskitonetz über die Kopföffnung und anfangen mit Schlafen. Is nicht. Nach 15 Minuten briet ich im eigenen Saft. Verdammt, wie weit nördlich muss ich denn noch fahren, um vernünftige Temperaturen zu bekommen? Also wieder raus, ins Auto und los.

Es ist dunkel, kein Verkehr mehr. Das bedeutet: Topspeed. Im Kassettenrecorder laufen Deep Purples „Highway Star" und „Speed King". Sie mussten einfach mich meinen. Ich hatte mir noch vier andere Cassetten gekauft, die ich mittlerweile – nach zigtausenden von Highwaykilometern – vorwärts, rückwärts und seitwärts mitsingen kann. Die Landschaft konnte ich mir auf dem Rückweg ja angucken. Irgendwann in der Nacht wurde es doch kühler und ich konnte pennen. Nach 370 Kilometern erreichte ich Eagle Plains (Tankstelle, Hotel, Restaurant, Bar – also alles was die Amis zum Leben brauchen): Tanken, waschen, futtern! Ach ja, die Scheiben machte ich noch sauber, auch von innen. Der Tankwart lachte sich halbtot, als ich ihm erklärte, dass das alles getötete Mücken – noch vom Sheldon Lake – waren. Die Landschaft variierte stark: Höhe und Form der Berge, Flora usw. Teilweise kann man kilometerweit den Highway einsehen. Schon beeindruckend.

Nach 'ner Weile kam auch der alte Polarkreis. Endlich überquerte ich ihn, nachdem früher immer in Dawson Schluss gewesen war. Eine Reisegruppe schoss Fotos vor dem Schild, das den Polarkreis anzeigte: In Bikini bzw. Badehose, nein, wie witzig. Heute war es angenehm kühl und der Anblick der Natur machte doppelt Spaß. Fort McPherson ist so ein aufgepumptes Dorf: Potthässlich. Per Fähre (wie in Norwegen, nur umsonst) ging es über Red River und McKenzie River. Landschaftlich war es rechts und links jetzt nur noch grün und flach.

Yukon-Rundmail 4.2

So erreichte ich recht flott Inuvik, die „Stadt der Menschen". Die Retortenstadt ist gar nicht so hässlich, wie ich befürchtet hatte. Sie wurde erst in den 50ern von den Kanadiern erbaut, um die Eskimos – Tschuldigung, Inuit, was „Menschen" heißt – besser erreichen zu können. Eskimos ist nämlich politisch nicht mehr korrekt, weil es „Rohfleischfresser" bedeutet. Den Namen haben sie übrigens von den Indianern bekommen, die jetzt auch nicht mehr Indianer sondern First Nations heißen. Kann ich irgendwie nachvollziehen. Alles nur, weil sich so ein blöder italienischer Wassersportler in spanischen Diensten verfahren hat. Wie dem auch immer sei, nun leben rund 3.200 Inuit, First Nations vom Stamm der Gwich'in Dene und Weiße – die heißen immer noch so – hier mehr oder weniger gesellig beisammen. Ganz schnuckelig. Die verfügen über so ein übererdiges Fernwärmesystem, so dass überall Kanäle und Brücken (geht da nicht jede Menge Wärme verloren bei Temperaturen von −50° im Winter?) durch die ganze City führen. Ach ja, so eine Kirche in Iglu-Form gibt es auch noch. Man muss den Touris ja was zum Fotografieren anbieten. Ich bin Touri, also fotografierte ich sie.

Das Delta des McKenzie Rivers.

Entgegen meiner ursprünglichen Absichten, direkt wieder zurückzufahren, blieb ich noch. Am nächsten Tag: Blauer Himmel, Sonnenschein und Hitze. Ich krichte en Koller. So, ich stiefelte ins nächste Adventure-Tours-Büro rein und buchte einen Flug nach Herschel Island – auf es-kimoisch bzw. innuitisch – heißt es Qikiqtaruk. Das Inselchen gehört wieder zum Yukon Terri-torium und weiter gen Norden geht es im Yukon nicht mehr. Zu viert – zwei Engländer, ein Kanadier und meinereiner – in so ein kleines Wasserflugzeug, wie gehabt. Ganz klasse: Wir flogen über das McKenzie-Delta. Irrsinnig viele Arme (Fluss-), Sumpf und Seen. Die aktuellen Flussarme konnte man an der kakaoähnlichen Farbe des mitgeführten Gletscherschlamms erkennen. Die Seen variierten in zahlreichen Schattierungen von grün bis blau. Ach ja, da trab-te auch noch so ein komischer Moschusochse rum, aber vom Flugzeug aus, zählt das nicht richtig.

Außerdem hielt ich Ausschau nach einer Arche. Ich höre schon wie ihr sagt „Jetzt ist er total durchgedreht". Aber nein. Ich hatte in Schimmel einen Deutschen getroffen, der mit ein paar Kumpels eben jene Arche bauen wollte, so als Kunstwerk. Sah sie aber nicht. Bei der Ausdeh-nung des Deltas kein Wunder. Mittlerweile ist sie fertig und ich habe mir die Bilder im Internet angeguckt. Echt durchgeknallt.

Herschel Island war so um 1900 rum eine Walfangstation der Amis. Da stehen jetzt nur noch so ein paar Hüttkes (Nein Suse, keine Schlösserkes). Aus dem Flugzeug und Wind. Herrlich erfrischend. Da die Insel ein Nationalpark ist, erklärte uns ein Ranger, was hier damals so ab-gegangen ist. Ganz lustig Männeken, vor allem konnte er gut erzählen. Er ist Inuit und seine Großeltern lebten schon hier. Erzählte ein paar witzige Geschichtchen aus Herschels Vergan-genheit.

Noch eben den Friedhof besucht – finde ich ja immer ganz interessant mit den verwitterten weißen Holzkreuzen, ist wohl eine morbide Ader in mir; die Inuit begraben übrigens nur die „bösen" Menschen, die guten werden mit guter Aussicht auf eine von ihnen gewünschte über-irdische Position gesetzt – und so einen Hügel hoch. Erstens sah ich immer noch keine Karibus – die sollten sich in dieser Jahreszeit eigentlich hier tummeln – und zweitens schwitzte ich wie ein Huskie im griechischen Sommer. Ich fragte unseren Piloten, ob noch ein wenig Zeit für einen kurzen Sprung ins Meer bliebe. Er grummelte irgend etwas von „crazy germans" und ich nahm das als Zustimmung. Also rein in den Pool, der sich hier arktisches Meer nennt. Ange-nehme Schwimmtemperatur. Der Ross war kälter.

Tja, den Karibus habe ich es schließlich gegeben. Erst in der Karibik – da war ich im vergan-genen Winter – keine und hier auch nicht. In einem Restaurant in Inuvik ein Karibu-Steak bestellt. War ganz lecker, halt der typische Wildgeschmack. Nach meinen weiteren Beobach-tungen arbeiten in Inuvik mindestens drei Taxiunternehmen mit zusammen bestimmt 20 Taxen. Das gibt es auch nur in Nordamerika. In Deutschland würden die sofort Pleite machen.

Grab eines Walfängers auf Herschel Island.

Yukon-Rundmail 4.3

Während des Rückwegs zum Klondike Highway legte ich noch einen ausgedehnten Stopp im Dorf Arctic Red River ein. Es liegt etwa 15 Meter über dem Red River und bietet eine phantastische Aussicht auf eben jenen. Darüber hinaus versprüht es weit mehr Charme als Fort Mc-Pherson. Und wieder ein herrlicher Friedhof mit einem Kirchlein. Oben auf dem Kreuz saß ein dicker Rabe. Da haben wir ja die christliche Religion und die hiesige indianische Mythologie vereint. Danach ist nämlich der Rabe der Erschaffer der Welt.

Christliche Religion und indianische Mythologie vereint – das Kreuz und der Rabe.

Auf der Fähre gab ich dem einweisenden Indianer zwei Dollar, damit er mich als ersten rauslassen würde. Also freie Bahn, Deep Purple, Topspeed, wie gehabt. Nach 70 Kilometern stieß ich auf eine Baustelle. Das Stop/Go Girl – so etwas modernes wie Baustellenampeln kennen die hier nicht – hielt mich an und fragte, ob ich denn allein auf der Fähre gewesen wäre. „Die anderen kommen so in zehn Minuten", antwortete ich. Mit einem Grinsen winkte sie mich durch und sagte, dass ich doch wenigstens in der Baustelle langsam fahren soll.

Übernachtet habe ich genau auf dem Polarkreis. War auch nicht anders als sonst. Am nächsten Morgen hielt ich beim ersten Berg, der da rumsteht und dackelte rauf. Natürlich im Sonnenschein, aber für die Bilder ist das ganz gut. Auch mal wieder die Beine bewegen. Positiv: Es gab keine Mücken. Negativ: Jede Menge Black Flies. Die stechen nicht, sondern beißen – winzig kleine – Stücke aus der Haut. Das macht sie nicht unbedingt sympathischer. Die Aussicht war auf jeden Fall super. Ich bin halt schon ein richtiges, schlaues, einheimisches Waldtier mit drei Buchstaben (Auflösung: Vux), dass ich den ersten Berg genommen habe. So konnte ich gut 30 Kilometer in Richtung Norden gucken.

Am nächsten Tag stand eine längere Wanderung an. Zuerst tickste ich einen Hügel hoch, sah mir die Landschaft an und beschloss hier zu wandern. So hätte ich es zumindest gerne gehabt. In Wahrheit hatte ich das Stativ und das große Tele mit, aber die Kamera vergessen und dachte, wenn ich schon zurück muss, dann richtig. Ich suchte mir eine tolle Route aus, einen richtigen Rundwanderweg mit neun Bergspitzen nahe der Tombstone Mountains. Schade, dass das, was ich als kleine Büsche ausgemacht hatte, mannshoch war. Eine irre Schinderei und dazu die Black Flies. Mörderisch. Ich konnte mich überhaupt nicht ausruhen, weil sie dann immer verstärkt angriffen. Beliebteste Ziele: Augen, Nase, Mund und Ohren.

Wettermäßig zog es sich stark zu. Die Berge drumherum wurden immer dunkler, kein Laut zu hören, kein Tier zu sehen. Plötzlich wusste ich, wo ich war: Auf dem Weg nach Mordor (Hallo Bilbo, besten Dank für die ausführliche Mail). Genauso hatte ich es mir immer vorgestellt. Auf dem Berg gegenüber der Weg zum schwarzen Tor und unten auf der Heerstraße die Orks (in diesem Falle Wohnmobile). Dann doch Tiere: Diese blöden Schneehühner. Eine Begegnung mit ihnen läuft folgendermaßen ab: Ich wandere fröhlich und nichts böses ahnend vor mich hin und sehe nichts. Die Viecher sind durch ihr Federkleid nämlich hervorragend getarnt. So ungefähr einen Meter bevor ich drauftrete, fällt den Hühnern ein „Mensch, ich kann doch fliegen; nichts wie weg." Und schon flattert ein Rudel durch die Gegend und ich bekomme einen Riesenschrecken.

Die Wanderung war klasse, aber ganz schön anstrengend. Trotzdem fielen mir noch einige witzige Sachen ein, die man mit abgeworfenen Karibugeweihen anstellen kann. Zurück über die Stichstraße gab ich wohl ein bisschen zu viel Gas. Pia hörte sich nach dem dreimaligen Aufsetzen wie ein röhrender Hirsch an. Das ging später über röhrenden Elch, Panzer bis zu Hubschrauber. Gestern ist der Auspuff ganz abgefallen. Seitdem ähnelt der Sound einem startenden Hubschraubergeschwader im Tunnel. Endlich zufriedenstellend. In Deutschland würde ich so keinen Kilometer schaffen, ohne eine Hundertschaft Polizei auf den Plan zu rufen.

Blödes Schneehuhn.

Hey Berti,

bei allem Interesse und Hingabe mit der ich deine Zeilen gelesen habe, und um das noch-mals zu bestätigen: wir sind gespannt auf die Bilder – aber einzig und allein die Berichter-stattungen über die Mücken würden mich nicht einen einzigen Zentimeter in diese Gegend bewegen... Du darfst mich ab jetzt Warmduscher, Süß-Frühstücker, Schneeball-mit-Handschuh-Werfer, An-der-Ampel-Grün-Geher und was auch immer bezeichnen – aber als lebender Blutspender für Mücken zu fungieren, nein danke!

Rolf

Hallo Rolf,

gut, dass ich zu dir nicht auch noch Bergab-Jogger, Sauna-Untensitzer, Festnetz-Telefonierer, Rad-im-kleinsten-Gang-Fahrer, Schatten-Parker, Zebrastreifen-Benutzer, Aspirin-Einwerfer, Back-up-Macher, Handbuch-Leser, Grüntee-Trinker oder Etagenbett-Unten-Schläfer sagen kann. Aber gerade heute sah ich an der Straße etwas lustiges: Da hatte jemand einen riesigen Moskito gebaut und unter den Stachel einen gebastelten Men-schenkopf und Kleider gelegt, so dass es aussah, als wäre er total ausgesaugt worden. Erin-nere mich daran, dass ich euch dieses Bild zeige.

Apropos Bilder, ihr lasst euch da auf etwas ein, von dessen Dimension ihr keine Ahnung habt: Ich habe 90 Filme a 36 Bilder mitgenommen und schon einiges verschossen.

Berti

Blutsaugender Riesen-Moskito am Alaska Highway.

Yukon-Rundmail 4.4

In Dawson City hatte ich dieses Mal keine richtige Lust auf Party. Ausführliche Säuberungsaktionen und hier und da ein bisschen gucken. Okay, noch mal eben ins Midnight Sun. Immerhin hatte ich zum ersten Mal am nächsten Morgen in Dawson keine Kopfschmerzen. Ich ging ins Visitor Center des Nordwest Territoriums – Inuvik und die Hälfte des Dempsters gehören dazu. Die Mädels waren gut drauf. Ich sollte irgend etwas über den Dempster ins Gästebuch schreiben, ruhig auf deutsch. Da steht jetzt folgendes drin: „Der Dempster ist halb so wild. Man muss nur schnell genug fahren, damit die Steine keine Zeit haben die Reifen aufzuschlitzen."

Und weiter gen Norden auf einem Highway, den die Amis in all ihrer Bescheidenheit "Top of the world highway" nannten. Auch hier wieder traumhafte Aussichten bei sonnigem Wetter. Direkt hinter der alaskanischen Grenze hatte Pia starken Durst. An der Tanke spielte sich folgender Dialog zwischen mir und dem Tankwart ab:
T: „There is a free coffee with a gas fill".
B: „I don't drink any coffee!"
T: „Every German drinks coffee."
B: „No, every German drinks beer."
T: „No free beer with a gas fill!"
Schade eigentlich.

Ein Abstecher nach Eagle. Geile Kurvenstrecke auf Schotter und landschaftlich sehr schön: Ein großer Teil des Weges führt durch einen engen Canyon und immer wieder musste ich per Brücke von einem auf das andere Ufer des gleichen Flusses wechseln. Das Dörfchen selbst ist ganz nett. Vor allem der Hinweis auf dem Campingplatz, dass man auf niedrig fliegende Flugzeuge achten soll, da direkt dahinter der Flugplatz liegt. Auch den Yukon sah ich wieder. Ich dachte, hier wäre schon alles flach, aber das Gegenteil ist der Fall. Muss ich doch noch mal weiter paddeln als bis Dawson.

Leider machte Pia Schwierigkeiten. Der Kühler war gerissen. Bo baute ihn aus, schweißt ihn, baut ihn wieder ein und kassierte 80 Dollar. Wieder ein richtiges Abenteuer, wobei die Betonung auf den letzten beiden Silben des Wortes liegt. Das ganze dauerte vier Stunden, während derer er mir seine Auto- (unter anderem ein Cadillac Eldorado mit sieben Litern Hubraum) und Waffensammlung („Makarov – KGB-Weapon") zeigte. Außerdem ist er der Überzeugung, dass die deutsche Regierung zu liberal ist, Alaska nicht zu den Staaten gehört und die Leute hier Waffen tragen, damit die Politiker nicht machen können, was sie wollen.

Nach diesem staatsbürgerlichen Unterricht landete ich endlich in... halt, da muss ich ja erst ein Geschichtchen erzählen. Einige kennen es vielleicht schon, weil ich es so typisch für die pragmatische Art der Amis finde, dass ich es immer wieder gerne zum Besten gebe. Also die Bewohner dieses kleinen Ortes kamen zusammen, um eben jenem einen Namen zu geben. Er sollte Schneehuhn – englisch Ptarmigan; hört sich ja wirklich sehr englisch an – heißen. Man war sich jedoch über die richtige Schreibweise nicht einig. So kam es, dass ich in Chicken eintraf. War aber nichts besonderes.

Yukon-Rundmail 4.5

Kurz vor Tok bog ich südlich zum Kluane Park ein. Ich schlief direkt am Strand von Destruction Bay (schöner Name), einem kleinen Dörfchen. Nachts wurde ich wach, sah den See, die Silhouetten der Berge und das Nordlicht. Zwar noch kein buntes, sondern lediglich weiße Schleier, aber trotzdem schön anzusehen. Einige Lichtfinger ragten bis in den See hinein. Ich legte mich zurück, genoss das Naturschauspiel und – schlief wieder ein. Im Sheep-Mountain-Gebiet des Kluane Parks war richtiges Wandern angesagt. Zuerst eine kurze, mehrstündige Tour am Williscroft Creek entlang und eine Schlucht hoch. Das Hochkraxeln war ja schon schwierig, aber runter war der Hammer. An einer Stelle fand ich erst nach 20 Minuten den am wenigsten gefährlichen Weg.

Dann eine mittlere Tour, zwei Tage. Auch diese Tour führte an einem Bach entlang, den ich dabei jedoch mindestens 15 mal überqueren musste. Wanderschuhe aus, über den Bach schmeißen, Sandalen an, durch den Bach, Sandalen aus, Wanderschuhe an. Irgendwann hatte ich die Schnauze davon voll und behielt die Sandalen direkt an. Nach rund zwei Stunden fing es an zu regnen und hörte für sieben Stunden nicht mehr auf. Ich befand mich übrigens auf einer „Route", bei der man sich im Gegensatz zum markierten „Trail" seinen Weg selber suchen muss. Mit ein bisschen Glück und genauem Kartenstudium klappte das sogar. Ich war total stolz auf mich und noch viel überraschter. Reichlich durchgefroren schlug ich auf einem Mäusehügel – total untertunnelt – mein Zelt auf und legte mich zum Aufwärmen in den Schlafsack. Das dauerte rund zwei Stunden. Ja, ich weiß, geschieht mir recht, weil ich immer über die Hitze meckere.

Am nächsten Morgen Sonnenschein, blauer Himmel und aus dem Zelt hatte ich einen phantastischen Ausblick. Alpine Wiesen, von schwarzen, braunen, grauen, dunkelgrünen und weißen Bergen eingerahmt. Ich zog weiter auf einen Hügel von dem ich einen Blick auf einen kleinen See hatte. Dort tummelten sich ein paar Enten. Plötzlich bewegte sich am Ufer ein großer brauner Punkt: Ein Ursus arctos horribilis – ein Grizzly. Da kam bei mir aber Hektik auf. Fotoapparat raus, dickes Tele dran, auf Stativ stellen – endlich weiß ich, warum ich euch die ganze Zeit mitgeschleppt habe –, Fernzünder montieren und draufhalten. Ein Riesengrizzly – hat jemals jemand einen Touristen von einem kleinen Grizzly sprechen hören, es sei denn es war ein Junges? Außerdem sind die für mich alle riesig.

Ich verfüge jetzt also über die Fotoserie Bär vor Wasser, Bär zu einem Viertel im Wasser, Bär zu Hälfte im Wasser, Bär zu drei Vierteln im Wasser, Bär ganz im Wasser, Bär weg, Bär wieder zu drei Vierteln im Wasser usw. Dann Bär zu Hügel laufend, Bär auf Hügel, Bär gräbt Hügel nach Erdhörnchen um, also Bär auf Suche nach Fleisch. Ich denke „es wird Zeit für mich zu gehen, auch ohne eine letzte Zigarette und ein kleines Bier im stehen". Abrupter Abbruch der Fotoserie, schnell einpacken und in Gegenrichtung verpissen. Ziemlich spät abends erreichte ich den Endpunkt der Route und schaffte es sogar noch, in Richtung meines Wagens zu trampen.

Der „Badegrizzly".

Jetzt rächte es sich, dass ich den Wagen an dem Flussbett entlang so weit wie möglich den Weg hoch gefahren hatte. Ich versteckte den Rucksack im Gebüsch am Highway, lief los und hatte drei Gedanken:

1. Ist der Wagen noch da? Ich hatte den Schlüssel stecken lassen!
2. Ist der Wagen unversehrt? Im Wagen lagerten noch Lebensmittel und Bären knacken Autobleche, wie Büchsenöffner die Büchsen!
3. Springt der Hobel an? Die guten, alten Batterieprobleme!

Doch ich hatte Glück und fuhr bis zum Kluane Lake, wo ich Pia an den Strand setzte, um nicht zu sagen, im Sand festfuhr. Aber das war ein Problem für den nächsten Tag. Über dem See hing ein toller Mond- und Sternenhimmel.

Yukon-Rundmail 4.6

Am nächsten Morgen zog mich so ein amerikanischer Wohnmobilfritze aus dem Sand, jedoch erst nach mehreren Versuchen, viel ausgraben und reichlich Schweiß. Blauer Himmel, Sonnenschein, also auf nach Haines Junction, um von dort über die Eisfelder zu fliegen. Am Flugplatz war niemand, bis die beiden Wahlmünchener Stefan und Manuel eintrafen. Sie wollten auch fliegen. Wir waren uns schnell über die Route einig und ab drei Personen heben die Buschflieger ab. Der Pilot kam, die Sache war schnell gebongt und schon waren wir in der Luft (da fällt mir gerade ein: Jupp, unverzüglich Aggi von der neuen Bärengeschichte erzählen).

Wir flogen über den Slims River zum Kaskawulsh Glacier, einen Trek, den ich 1995 gemacht hatte. Weiter ging es zum größten nonpolaren Eisfeld mit dem höchsten Berg Kanadas, dem Mt. Logan (so um die 6.000 irgendwas). Atemberaubend ist das einzige Wort, das die Sache im Kern trifft. So viele verschiedene Gletscherarten, -formen und -farben, mit tausenden, kleinster Seen von einem fast künstlich wirkenden Blau und, und, und. Ihr werdet eh nicht drum herumkommen, die Bilder zu gucken. Als Otto Normalwanderer kommt man hier überhaupt nicht hin.

Gletscherlandschaft im Kluane Nationalpark.

Abends in HJ mit Stefan und Manuel einen trinken gegangen, anschließend in deren gemieteter Blockhütte übernachtet sowie Reise- und Angelerfahrungen (hmpf!) ausgetauscht. Sie hatten aber ebenfalls noch nichts gefangen. Die beiden brachten mich am folgenden Tag zum Ausgangspunkt des Cottonwood Trails, dem Königsweg des Kluane. Der Weg soll besonders einfach zu finden sein, also idiotensicher. Leider musste ich erfahren, dass idiotensicher nicht gleich bertisicher ist. Aber dazu später mehr. Mein Auto plazierte ich vorher am Endpunkt der Wanderung.

Hallo Berti,

ich habe mich schon gewundert, wo deine bibergeile Rundmail bleiben könnte. Schließlich verfolge ich dich jetzt doch per Reiseführer. Lass dir keinen Bären aufbinden.

Grüße
Irmhild aus dem immer noch sonnigen Dortmund.

Yukon-Rundmail 4.7

Der erste Wandertag brachte keine Highlights, sondern eine einfach schöne Gegend. Ich ging noch auf einen Abstecher (sechs schnuckelige Kilometerchen) zum Mush Lake, wo ich mein Zelt aufschlug. Auf dem Weg dorthin sah ich in einem See zwei Biber, einen größeren und einen kleineren, die ganz langsam aufeinander zuschwammen, sich „küssten" (so sah es für mich zumindest aus) und sich wieder trennten. Der Mush Lake war klasse und kein Schwein da.

Die sechs Kilometer musste ich am nächsten Tag jedoch wieder zurück. Also mit den Beinen und Füßen habe ich keine Probleme, aber meine Schultern brachen wegen des Rucksacks fast auseinander. Waren rund 22 Kilogramm, vor allem wegen der Fotoausrüstung. Heuer ging es steil bergauf und ich kam über einen Pass in ein bäriges Tal. Um es vorwegzunehmen, ich sah auf dem ganzen Trip keinen Bären. Nach 22 Kilometer war gut, ich baute das Zelt auf und „genoss" die dehydrierte Wandererernahrung. Zumindest ist sie auf dem Kocher schnell zubereitet. Der Geschmack ging so, aber irgendwie war das immer zu wenig, obwohl ich schon die Doppelportionen nahm.

Mit dem Gaskocher wird in einer windgeschützten Ecke das Abendessen zubereitet.

Am nächsten Tag regnete es und ich blieb bis 13 Uhr im Sack. Kurz nach dem Loslaufen verirrte ich mich in einem (to-)Tal und folgte einem Bach, was ich nicht sollte. Ich hatte keine Ahnung, wo es langging, aber Hauptsache, mit dem Fotoapparat drauf halten. Also wieder zurück. Rund drei Stunden nach dem Start war ich fast wieder am Ausgangspunkt. Toll. Der Dalton-Pass (nein, ich bin nicht Lucky Luke) musste nun begangen werden. Erst jetzt tauchte das Cottonwood-Tal vor mir auf. Wunderschön mit Pappelwäldern und Fireweed-Büschen. Abends stellte ich noch fest, dass es fror. Zelt und Rucksack waren von einer dünnen Eißchicht bedeckt. Am Morgen drauf sah ich Neuschnee auf den umliegenden Gipfeln.

Es folgte der Hammertag. Da man bei den Park Rangern für jede mehrtägige Wanderung eine Genehmigung bekommt und angeben muss, wie lange man bleibt – am nächsten Tag wird der Suchtrupp losgeschickt – und man nur in vorgegebenen Korridoren zelten darf, lagen rund 27 Kilometer an. Nach einer Bachüberquerung sah ich zwei Wanderer und folgte ihnen, obwohl das meiner Meinung nach mit der Karte nicht hinkam. Der gestrige Tag hatte wohl mein Selbstvertrauen in meine navigationstechnischen Fähigkeiten untergraben. Die beiden Berliner warteten auf mich und erklärten, dass sie zum Mt. Goatherd wollen. Der einzige Weg der vom Cottonwood abgeht und pro Jahr vielleicht von fünf Leuten begangen wird. Dann werden es eben 30 Kilometer. Nur gut, dass ebenfalls der landschaftlich schönste Abschnitt der Tour anlag. Wiesen- und Waldlandschaft, mit sehr vielen tollen Aussichten.

Außerdem schien heute Menschtag zu sein. Nachdem ich vorher niemanden gesehen hatte, kamen mir insgesamt neun Leute entgegen. Total überlaufen, der Trail. Man informierte sich gegenseitig kurz über die nächsten Kilometer der Strecke und eventuelle Bärensichtungen. Auch überall Null. Bei den letzten fünf Kilometern war ich ganz schön platt. Zum wandern gehört wohl eine gehörige Portion Masochismus (wie beim Marathon). Trotzdem machte es Spaß und ist nicht mit einem 30-Kilometer-Marsch beim Bund zu vergleichen. Andererseits sagte ich mir oft: „Verdammt, wärst du doch beim Kanu fahren geblieben!" oder „Hättest du doch deinen treuen Sherpa Tai Ginseng mitgenommen."

Endlich hatte ich es geschafft. Rucksack runter und noch vor dem Aufbau des Zeltes Essen kochen. In dem kleinen Bachdelta machte ich auch ein Lagerfeuer und trank auf die Mammutstrecke einen gehörigen Schluck schottisches Lebenswasser. Den hatte ich mir redlich verdient. Ein schöner Tag, ich hatte mein Ziel erreicht, war physisch ziemlich erschlagen, fühlte mich aber gleichzeitig sehr zufrieden mit dem Geschafften. Ich saß noch lange glücklich (oder auch dümmlich) grinsend am Lagerfeuer. Krönung des Ganzen war erneut ein Nordlicht.

Yukon-Rundmail 4.8

Der letzte Tag sollte mit seinen 15 Kilometern eine ruhige Erholungstour werden. Trotzdem zog er sich unheimlich in die Länge und war recht anstrengend. Ich lief bis zum Ufer des Kathleen Lakes und dachte hinter der nächsten Biegung hätte ich mein Ziel erreicht, da ging es noch mal steil bergauf durch die Wälder. Klasse Aussichten auf den Lake bei Sonnenschein, leider regnete es. Die Wurzeln auf dem Weg waren recht glitschig und nur meinen Teleskopstöcken hatte ich es zu verdanken, dass ich nicht dauernd auf dem Hosenboden landete. Ich war so fertig, ich wollte nur noch ankommen. Jedoch nicht so fertig, um nicht schnellen Schrittes und fröhlich vor mich hin pfeifend an sich für den folgenden Tag fertigmachenden Wanderern vorbeizumarschieren. Der Durst ist gar nichts, der Schein ist alles.

Unterwegs auf dem Cottonwood Trail im Kluane Nationalpark.

Körperpflege war nach fünf Tagen Wandern – mit den Umwegen legte ich rund 100 Kilometer zurück – angesagt. So eine Dusche ist schon was feines. Fuhr anschließend nach Haines und wollte mit der Fähre nach Skagway. Doch die heutige war schon abgefahren und rund 50 US-Dollar waren mir zuviel, also wieder zurück. Vorher guckte ich mir noch in der dortigen Bibliothek meine E-Mails an (wer sich nicht meldet wird demnächst ausgelistet; besonders die Familie kann sich mal ein wenig mehr anstrengen). Die Rückfahrt war klasse, denn so konnte ich die Alsek-Tatshenshini-Wildnis bei Sonnenschein betrachten, was mir am Morgen nicht vergönnt gewesen war.

So, das ist der momentane Stand der Dinge. Aufgrund eines logistischen Problems bezüglich meiner liquiden Mittel, verweile ich zur Zeit in Whitehorse. Alle weiteren Pläne sind daher erst mal vorläufig.

See you (much) later
Dempster-, Arctic-, Top-of-the-world-, Eagle-, Chicken- und Kluane-Berti

Ay Berti,

jetzt aber mal eben überlegen was in der Mail vom Freitag stand, den Peraxen`s bei uns eingeworfen haben: Du ballerst also ungeachtet aller Ami-Verkehrsregeln mit Pia (blöder Name für`n Auto) durch und über alles drüber, dann fliegst du teilweise mit irgendwelchen dubiosen Fliegern durch die Gegend und den Rest der Zeit läufst du (wäre Skateboard fahren nicht auch `ne Idee?) den Bären hinterher! Macht das denn Spaß?

MJP

Lieber Mücken-Bertie,

als Tippse von MJP`s Mail muss ich mich jetzt doch auch noch mal zu Wort melden. Ich hoffe, du weißt es zu schätzen was es heißt vier DIN A 5-Blätter von Michaels Gekritzel abzuschreiben, ich glaube er denkt wirklich wir faxen dir das Original zu, denn er wollte nicht, dass ich mir sein Geschreibsel mal durchlese – wäre ja schließlich an dich die E-Mail und würde mich nicht`s angehen … Ja, ja, der Doppel-Meister und die moderne Kommunikation …

Bei deinen Ausführungen über die Black-Flies juckt`s einen schon direkt mit … ansonsten hab` ich mich halb schlapp gelacht über deine Erlebnisse, da wünscht man sich wahrscheinlich manchmal `ne Kamera für diese Situationskomik beim Zusammentreffen Bär – Berti und Berti – Traveller.

Einzig und allein deine Mahlzeiten hören sich nicht so besonders erquickend an, hast du denn schon abgenommen oder holst du das verlorene Gewicht wieder durch Alkoholkonsum rein? Hast du auch schon mal einen Anflug von Heimweh oder ist dir das völlig fremd (Ich bekomme da schon eher einen Anflug von Fernweh wenn ich mir diese ganzen Naturschönheiten so vorstelle...)? So, ich wünsch´ dir weiterhin viel Spaß.

Liebe Grüße, Barbara

Hey Barbara, Didi und MJP,

vielen Dank für euere Mails. Es ist nämlich auch klasse, hier mitten in der Wildnis, die Neuigkeiten über Freunde und Bekannte zu hören, auch wenn es nicht nur positive Sachen sind. Aber ich bleibe immerhin up-to-date. Und vor allen Dingen: Bei euch scheint ja alles rund zu laufen, was mich sehr freut.

Mit dem Namen für das Auto war wirklich blöd. Ich hätte ihn besser Paul nennen sollen, dann hätte ich nicht so viel Ärger, wie Man(n) mit Frauen immer hat. Das ist einer für die Chauvikasse.

Berti

Yukon-Rundmail 5.1

Da is er wieder,

nun da ich noch ein Weilchen in Whitehorse rumhängen muss, kann ich ja doch noch was schreiben, auch wenn es nur Abenteuerchen sind.

Also zwischenzeitlich war ich mal eben in Atlin/British Columbia, etwa 200 Kilometer unterhalb von Whitehorse. Der Weg dahin war schon klasse, aber das Dörfchen liegt einfach sahnemäßig. Direkt am See – sinnigerweise heißt er Atlin Lake – mit Blick auf Berge und Gletscher. Dazu ist das Kaff nur über eine Straße, die dort endet, oder mit dem Wasserflugzeug zu erreichen. Allerdings haben schon eine Menge Leute die Schönheit dieses Ortes erkannt und sich ihre Holzvillen dahingeknallt.

Bei der Rückfahrt spielte sich Ergreifendes ab: Ich sah meine Milchbottel auf dem Boden des Beifahrerraums liegen und lecken. Also hielt ich an, stand fast, griff mir die Milchbottel, stieß dabei die geöffnete Sprite-Büchse um, tauchte ab um sie schnell zu schnappen, verriss dabei das Lenkrad nach rechts und schwupp lag ich im Graben. Mit Pia. Wir hatten eine ganz schöne Schräglage. Also ausgestiegen – das Öffnen der riesenschweren Tür gen Himmel war ganz schön schwierig – und erst mal Fotos gemacht. Ruckzuck hielten die ersten Wagen an, aber das aus dem Graben ziehen wollte ich lieber einem Profi überlassen, damit sich Pia – die alte Sau – nicht noch auf den Rücken legte.

Auf dem Atlin Highway landete Pia im Graben.

Also zum etwa 15 Kilometer entfernten Jakes Corner getrampt. Das ist so eine aufgeblasene Tankstelle mit Hotel und Restaurant. Den Abschleppwagen musste ich per Telefon jedoch aus dem rund 70 Kilometer entfernten Whitehorse ordern. Zumindest konnte ich während der Wartezeit was futtern. Der "Spaß" mit dem Rausziehen lassen hat mich 300 Märkers gekostet. Ich sach et doch, nur Ärger mit den Frauen (Nicht weitererzählen, Mutter weiß natürlich nix – also nicht von dem Ärger mit den Frauen, sondern von dem Unfall).

Außerdem – man höre und staune – war ich mittlerweile schon zwei mal joggen. Rund neun Kilometer mit drei Hügeln. Ich starte in Whitehorse kurz hinter dem Campingplatz am Staudamm, rund vier Kilometer außerhalb der Innenstadt von Whitehorse. Beim zweitenmal öffnete ich die Autotür und sah etwas wegspringen. Da hätte ich doch beinahe einem Kojoten, der direkt neben dem Auto stand, die Rübe eingeschlagen. Werde wegen weiterer Schwierigkeiten mit dem lieben Geld wohl noch einige Tage in und um Whitehorse verbringen.

Yukon-Rundmail 5.2

Dann fuhr ich noch ma ebkes in den Kluane Park. Schon auf der Fahrt stellte ich die Veränderung fest. Innerhalb einer Woche ist es Herbst geworden und die Bäume nahmen die Farben des Indian Summers an. Nicht so bunt wie im Algonquin Park in 1997 (gell, Peter?), aber trotzdem sehr schön. Zwei kurze Hikes gemacht: Der Weg zum St. Elias Lake war einfach nur schön. Gut zu laufende vier Kilometer, nur mit Daypack und am Ende ein ganz toller See. Und natürlich wieder kein Schwein da. Zurück am Auto traf ich doch noch jemanden. Eine ältere Dame – 72 – aus Deutschland, die ganz allein ihre Day-Hikes macht. Alle Achtung.

Der zweite Weg zum „Steingletscher" – das englische Rock Glacier hört sich sehr viel besser an – war mit nur 800 Metern sehr kurz. Da war aber nix besonderes dran, außer sehr vielen Steinen, die sich vor sehr vielen Jahren, sehr stark bewegt haben sollten, das jetzt aber nicht mehr machten, was ich sehr blöd fand. Da es jedoch sehr steil bergauf ging, hatte ich vom Endpunkt des Trails einen sehr phantastischen Blick über den Dezadeash Lake. Weiterfahrend kam ich bei den Glanzmanns vorbei, einem Schweizer Ehepaar, das sich hier ein Grundstück gekauft hat und Huskytouren anbietet. Auf sie aufmerksam wurde ich durch ihre hervorragenden Naturfotos in Broschüren. Zwei drei mal zwei Meter große, gelbe Schilder am Straßenrand waren ebenfalls hilfreich. Schon interessant wie sie ihr Leben dort schilderten und mit den vielen Huskies zusammenlebten.

Danach wollte ich eigentlich weiter zum anderen Teil des Parks am Sheep Mountain, aber zwischendurch verreckte Pia. Pia tot! Die geneigte Leserin und der geneigte Leser werden wissen, was diese beiden Worte für einen Schmerz in mir – und vor allem in meiner Urlaubskasse – hervorrufen. Abschleppen, reparieren und bezahlen. Mit ihr scheint es ganz zu Ende zu gehen. Grund: Zwei Risse im Kühler und eine nicht funktionierende Leuchte für das Kühlwasser sorgten für einen trockenlaufenden Motor. Ich konnte mit ihr noch nach Whitehorse fahren, versuche sie als Ersatzteillager zu verkaufen und mir ein neues Gefährt zuzulegen. Auf der Rückfahrt versteckte ich noch schnell mein Kanu am Takhini River.

Yukon-Rundmail 5.3

Am nächsten Tage – in Whitehorse war für diesen und die folgenden Tage mal wieder Regen gemeldet, was im allgemeinen bedeutet, dass die Sonne wie verrückt brennt – trampte ich von Whitehorse zu meinem Kanu. Die guckten vielleicht alle dämlich. Ich hatte nämlich meinen neuen Kanusitz – die Reparatur hatte ich wohl nicht ganz fachmännisch durchgeführt – dabei: Einen aufblasbaren Sessel für Kinder in pink. Wenn ich dann erklärte, was ich mit ihm vor hatte, schauten die mich immer so komisch an. Das Teil war schon aufgeblasen – ich hatte auf der Rückfahrt von Atlin mal wieder erfolglos mein Anglerglück auf einem da so rumliegenden See probiert – und das war so anstrengend gewesen, dass ich die Luft nicht wieder rauslassen wollte.

Auf jeden Fall funktionierte es tadellos. Ich setzte das Teil in die Mitte des Kanus wo der Schwerpunkt liegen sollte, wenn man allein und ohne Gepäck fährt, konnte mich schön anlehnen und wunderbar paddeln. Wie befürchtet knallte die Sonne den ganzen Tag (ich zog mir im September im Yukon einen Sonnenbrand zu). Also ließ ich mich erst mal nur treiben. So gegen 18 Uhr begann ich mit dem Paddeln und gedachte so um 21 Uhr am Ausstiegspunkt zu sein. Leider ist die Strömung des Takhini nicht so stark und beim treiben lassen kam ich nicht allzuweit. Auf jeden Fall war ich auch um 22 Uhr noch nicht da. Jetzt wurde es dunkel und das auf einem unbekannten Fluss, der noch eine Stromschnelle haben sollte. Es war nicht so kalt, aber ohne Strümpfe zog es an den Füßen ganz gut. Ich war auch volle Suppe am paddeln am tun, so dass ich gar nicht frieren konnte.

So gegen 23 Uhr war es stockdunkel. Alle fünf Minuten hörte ich ein lautes Platschen, wenn mal wieder ein Biber wegen mir abgetaucht war. Ein weiteres Stündchen später bekam ich doch ein wenig Muffensausen. Ich konnte zwar schon die Autos auf der Straße hören (der Ausstiegspunkt lag an einer Brücke), aber sehr weit entfernt. Und dann das Schrillste: Ich kam an einem Haus vorbei, aus dem die Klänge eines Indianerliedes kamen. Die hielten wohl gerade ne Session ab. Muss man sich mal vorstellen: Dunkle Nacht auf em Fluss und die Indianer trällern mir einen vor. Die waren bestimmt stoned von der Friedenspfeife. Ein halbes Stündchen später hatte ich es endlich geschafft. Nach einem kräftigen Schluck Whisky (Leute, ihr wisst doch noch alle, wo es den besten Whisky zu kaufen gibt?) hüpfte ich in den Schlafsack.

Heute ist Labour Day, also frei. Ich glaube, ich gehe mal wieder ein Ründchen joggen, wenn es etwas abgekühlt ist und kümmere mich dann mal um ein neues Auto. Und anschließend trinke ich vielleicht ein Bier. Maximal. Ich vergaß ja ganz, euch von meiner Krankheit zu erzählen: Mir schmeckt das Bier nicht mehr, aber ich arbeite hart daran. Ich denke, dass ich das in den nächsten Tagen wieder in den Griff bekomme.

Dat is et ers ma vom
Nightrider-Berti

Guten Tag Herr Baumann,

mir fehlen die Weisheiten von BB. Was macht der Westen (von uns aus gesehen)? Ich habe das Gefühl du wirst der neue Heinz Sielmann. Kein Lebewesen auf dieser Welt wird mehr vor dir und deiner Canon sicher sein. Vermutlich haben wir momentan besseres Wetter als du in Kanada. Strahlend blauer Himmel, die Temperatur soll nochmals auf über 30 ° steigen.

Also – was macht die Wildnis? Und – wird er es schaffen......?????

Viele Grüße aus dem Tal
Thomas

Guten Tag Herr Vogel,

bis zur nächsten Rundmail wird es noch was dauern, obwohl sie wahrscheinlich sehr viele Lebensweisheiten und Neuigkeiten enthalten wird. Außerdem möchte ich nicht mit Heinz Sielmann, sondern mit Hardy Krüger („Well, und dann traf ich einen von den First Nation People, der noch mit dem Speer jagte und ich sagte zu ihm...“) verglichen werden. Ich nehme dich auch nur dann wieder in den Verteiler auf, wenn du mir auch ein paar Neuigkeiten bieten kannst. Rundmail Nr. 5 musst du dir bei Steffi besorgen.

Mit freundlichen Grüßen
Dein Hardy

Yukon-Rundmail 6.1

Hallo Leute,

ich bin aus organisatorischen Gründen immer noch in Whitehorse und hatte gerade noch Lust, ein wenig zu surfen und zu schreiben.

Meine Ehe mit Pia ist heute geschieden worden. Ich brachte sie zu einem Leichenfledderer. Im Tausch bekam ich einen Plymoth Fury von 1977. „It's a dirty, old bitch of a car, but it is running like hell", sagte John. Also Jim, so heißt das Schmuckstück jetzt, ist ziemlich verrostet, was mit schwarzer Farbe überstrichen worden ist. Dafür ist seine Form schnittiger und er ist noch etwas länger als Pia. Außerdem habe ich getreu der alten Tunerregel „Hubraum ist durch nichts zu ersetzen, außer durch noch mehr Hubraum" jetzt einen Sechs-Liter-Achtzylinder. Aber der surrt wie ein Kätzchen im Vergleich zum Hubschraubersound von Pia. Na ja, man soll ja nicht schlecht über Tote reden.

Noch was aus dem Kluane: Bei meinem zweiten Kurzbesuch traf ich die beiden Deutschen wieder, denen ich am Cottonwood Trail dümmlicherweise hinterhergetrottet war. Den einen erwischte es auf dem Rückweg am Ischiasnerv – hoffentlich kriegt der kein Kind (hallo Silke R). Darauf durfte der andere im Gewaltmarsch zurück und den Hubschrauber ordern. Zum Wetter im Kluane: Total irre, sobald die Sonne schien, fing es an zu regnen. Das ist nicht einmal, nicht zweimal, sondern zehnmal passiert. Schade, ich wäre dort gerne noch mal im Indian Summer gewandert, aber auf mich warten jetzt noch der McQuesten und der Stewart River. Wenn ich mich nicht beeile, sind die bald zugefroren.

Ach ja, einigen habe ich es schon mal gemailt, ich war reiten. Und zwar bei einem Reitstall in der Nähe von Whitehorse. Zwei Stunden auf einem richtigen, großen, braunen Pferd, das Francis heißt. Starten, erster Gang, blinken, abbiegen, anhalten – alles kein Problem. Aber im zweiten Gang – sprang manchmal von selbst rein – hüpfte ich wie ein Flummi im Sattel umher. Lindsey hat mir dann den Tip gegeben, doch in den Steigbügeln zu stehen. Ging auch besser, aber der Sattel haute dauernd gegen Körperteile, die ich ungern verletzt haben möchte.

So sind wir die meiste Zeit im Schritt gegangen, also die Pferde. Ich dachte ja eigentlich, die hätten die ganze Arbeit zu tun, aber da habe ich mich wohl getäuscht. Ansonsten war es echt klasse so durch den Wald zu reiten und dabei auf den Yukon zu gucken. Trotzdem ist mir eine Enduro glaube ich lieber. Auf jeden Fall weiß ich jetzt, warum Reiterinnen beim Sitzen auf dem Motorrad keine Probleme haben. Also mit dem Trail reiten wird es vorerst wohl nichts, es sei denn, ich nehme noch ein paar Reitstunden. Ehedem kaufe ich mir aber eine gepolsterte Radlerhose.

Yukon-Rundmail 6.2

Noch zu meiner kurzen Atlinvisite. Der Friedhof dort ist einsame Spitze. Viele alte Holzkreuz-gräber mit „witzigen" Inschriften wie „an einer Schusswunde gestorben, nachdem er irrtümlich für einen Bären gehalten wurde" oder „schaffte den Trail nicht und erfror leider". Dann gab es da noch eine Straße, an der irgendwann ein Schild erschien, auf dem stand, dass sie ab hier nicht mehr gewartet werden würde. Reizte mich natürlich. Also – damals noch mit Pia – dar-über gefahren. Zuerst waren es nur große Pfützen, später immer größere Bäche, die ich durch-fahren musste. Irgendwann gab es kein Durchkommen mehr für uns und wir drehten um.

Ganz phantastisch war die Rückfahrt nach Whitehorse (abgesehen von dem Stop im Graben natürlich). Schon mal probiert beim Sonnenuntergang über die Straße zu cruisen, dabei Dire Straits „Brothers in arms" zu hören und links und rechts, Berge mit überpuderzuckerten Schneegipfeln, Hügel mit roten – von irgendeinem Busch – Spitzen und grünem mittleren und gelblichem unteren Bewuchs sowie knatschblaue Seen zu betrachten? Kommt gut.

Ach ja, eine witzige Geschichte am Rande: Ganz am Anfang meiner Tour traf ich eine Gruppe des Reiseunternehmens für das ich während des Studiums unter anderem als Teamer auf dem Yukon gearbeitet hatte. Nachher hörte ich von Scott – er und seine Frau Joanne sind die beiden obersten Kanoe People – das Reiseleiter Ralf mit der zweiten Gruppe, die er führte, erwischt und unverzüglich in den nächsten Flieger nach Deutschland gesetzt worden ist. Als Ausländer darf man hier nämlich nur eine Gruppe führen, mit der man hin- und auch wieder zurückfliegt. Habe ich ja noch mal Schwein gehabt, da ich auch immer zwei Touren leitete. Die Tour wurde von einem der KP weitergeführt.

So, jetzt tauche ich aber wirklich ab
Jim-Berti und John Wayne

PS. Da hatte mal irgendwer gefragt, was ein Loon (nein Peter, kein Huhn) ist. Absolute Bil-dungslücke, denn singen nicht schon die Doors im Alabama Song „Oh Loon of Alabama"? Dat is also so ne aufgepumpte Ente, die aber Fische, Frösche und andere possierliche Tierchen dieser Art frisst. Ist auch auf dem kanadischen Ein-Dollar-Stück abgebildet, das deswegen „Loonie" geheißen wird – konsequenterweise wird das Zwei-Dollar-Stück „Toonie" genannt. Daneben sind die Viecher auf jedem kanadischen See zuhause und lassen vor allem in der Morgen- und Abenddämmerung ihre lauten, klagenden Rufe los, die manche Kanuten vor Schreck fast aus dem Kanu springen lassen (gell, Peter?).

Klar, das es dem Bruder im Norden Kanadas zu kalt war.

Hallo John,

jetzt machst Du mich aber völlig neidisch. Pfui, was bist du gemein! Es ist nicht mal 8.00 Uhr morgens, ich habe noch einen Zehn-Stunden-Tag vor mir, muss mich um bekloppte Dinge wie Budgets kümmern und du schreibst mal eben locker-lässig über einen Ausritt in Wildwest. Hast du denn überhaupt kein Mitleid?

Sandra

Hallo Sandra,

nein, Mitleid hat mir noch niemand nachgesagt. Und immer eine Handbreit Erde unter den Hufen (oder wie heißt das bei euch Reitern?)

John Wayne

Yukon-Rundmail 7.1

Hey folks,

sitze gerade mal wieder in einer Bibliothek – in Mayo – und warte auf meine Mitfahrgelegenheit zum Startpunkt meines nächsten Kanutrips.

Jim stellte sich – wie erwartet – als richtiges Drecksstück heraus. Nach einem fröhlichen Abend mit zwei anderen Deutschen auf dem Campingplatz in Schimmel, wollte ich mich in meinem Auto zur Ruhe betten. Zehn Minuten nach dem Hinlegen wanderte – den Geräuschen nach – eine ganze Mäuseherde durch den Wagen und meinen Proviant. Schüchterne Versuche meinerseits, sie aus dem Wagen hinaus zu komplimentieren scheiterten kläglich. Danach fegte ich sie mit dem Handtuch aus dem Auto. Aber die waren schon wieder drin, bevor ich die Tür geschlossen hatte. Sie kannten sich im Auto besser aus als ich und fanden es besonders „witzig", über Motorhaube und Windschutzscheibe zu flitzen. Nach einer Stunde ernsthaft erzürnt – ich kann nicht schlafen, wenn mir dauernd Mäuse über den Schlafsack huschen – griff ich zur Kanone: Müsliriegel als Köder ausgelegt und mit Bärenspray auf Mäuse geschossen. Etwa 30 Sekunden nach definitiven Treffern, saß die Maus wieder am Riegel. Das lässt folgende mögliche Schlussfolgerungen zu:

1. Bärenspray wirkt nicht bei Mäusen
2. Mäuse sind kräftiger als Bären
3. Bärenspray wirkt überhaupt nicht
4. Bären sind Warmduscher und Weicheier

Zur Beruhigung meiner Nerven tendiere ich zu 2. und 4.!

Ich baute also mitten in der Nacht mein Zelt auf und machte mir kreative Gedanken, wie ich meine lästigen Mitbewohner los werden könnte. Also am folgenden Morgen zur Tankstelle, den Wagen total ausgeräumt und den kompletten Innenraum mit dem Hochdruckreiniger beschossen. Ich sah zwar keine Mäuse rausspringen, aber in der nächsten Nacht war Ruhe. Das Wasser floss durch die zahlreichen Rostlöcher recht schnell ab. Dann fuhr ich nach Keno City und genoss auf dem Keno Hill die Nordlichter und den dort schon liegenden Schnee.

Yukon-Rundmail 7.2

Am nächsten Tag war Entdeckungstour angesagt. Mit dem Auto durch die Geisterstadt Elsa und zu den ganzen Minen. Die liegen überall auf dem Galena Hill verstreut und von oben hatte ich einen phantastischen Ausblick auf das ganze Tal. Die grünen Tannen, die gelb gefärbten Laubbäume und die roten Sträucher auf den Bergspitzen vor einem knatschblauen Himmel. Von oben konnte ich Wege sehr gut erkennen: Denn dort waren überall gelbe (Laubbüsche bzw. -bäume) Straßen in der grünen (Nadelbäume) Wildnis.

Wahrscheinlich nicht sehr erfolgreiche Mine.

Irgendwann schraubte ich den Polfilter vom Objektiv, ließ ihn auf dem Autodach liegen und fuhr weiter. Ist natürlich runtergefallen. Clever wie ich bin, fuhr ich zurück und fand ihn wieder bzw. nicht ich, sondern Jim und zwar ziemlich genau mit dem rechten Vorderreifen. Klasse! Dafür habe ich etwas anderes herausgefunden: Ich war rund 1.000 Kilometer mit Fernlicht gefahren, weil es keinen Schalter zum Abstellen gab. Erst als ich vor Begeisterung über eine landschaftlich besonders schöne Ecke immer auf den Fußknopf vorne links trat – also der für die merkwürdigerweise ebenfalls nicht funktionierende Scheiben-Wischi-Waschi-Anlage – ging plötzlich das Fernlicht aus. Typisch Amis, haben die bei meinem Wagen doch glatt die Funktionsknöpfe vertauscht.

Bei den Minen findet sich auch einfachstes Grabwerkzeug.

Weitere Trips über Schotterstraßen zu Minto-, McQuesten- und Hanson-See waren super. Wunderschöne Gegend. Jetzt 'ne Enduro hier haben (hallo Silke B.). Obwohl sich Jim als echtes Wildschwein herausstellte und wir recht flott durch die Gegend kachelten. Zahlreiche Aufsetzer auf dem Boden ignorierten wir beide geflissentlich. Gegen Abend erreichten wir den Kanustartpunkt. Ich zielte ein bisschen zu genau, denn ich saß – dieses Mal mit Jim – wieder im Sand fest und kam nicht weg. Na ja, erst mal Nordlichter genießen, dann pennen und sich am nächsten Tag über das Problem Gedanken machen.

Da halfen auch die dicksten Äste nichts mehr – Jim steckte fest.

Yukon-Rundmail 7.3

Ich hatte gerade für den 25 Kilometer-Marsch gepackt, als zufällig ein Auto vorbei kam und die Jungs mich rauszogen. Das waren Geologen, die gerade für eine mehrtägige Exkursion in Keno City waren. Und zwar genau die drei, die Keno City nicht gefunden hatten, was recht verwunderlich ist, weil dort ja schließlich die Straße endet. War recht billig: ein Sixpack Canadian. Ich nahm noch verschiedene Wege unter die Reifen, aber irgendwann war Schluss. Nur noch mit Enduro oder Allradantrieb zu machen.

Also weiter nach Dawson City. Nach dem ersten Tanken ging nichts mehr. Der "Alternator Belt" sei gerissen und weg, sagte man mir. Was ist das denn für ein Teil? Geht bestimmt auch ohne. Also fremdgestartet und versucht, die 250 Kilometer bis Dawson zu machen. Als ich das Licht einschaltete kam aus dem Lautsprecher „MMMMaaaaannnneeeeeeyyyyy fffffooooorrrr nnnnooottttthhhhhiiiiinnnngggg". Ein Alternator ist – so scheint es – die Lichtmaschine. Also alle Stromverbraucher ausgeschaltet und weiter gefahren.

Ein geniale Landschaft zog an mir vorbei. Die bunten Wälder, im Hintergrund riesige Gebirgs-züge und ich konnte nicht anhalten und Fotos machen, weil die Kiste sonst ausgegangen wäre. Das macht Laune für jemanden, der gerne fotografiert. Wir hätten es beinahe bis zur Tankstelle am Dempster Highway geschafft, allein der Druck auf meiner Blase war nicht mehr aus- und zwang mich anzuhalten, acht Kilometer vorher. Hin- und hertrampen, den AB im Auto montie-ren (lassen, es hielt GsD jemand, der sich im Gegensatz zu mir damit auskannte), nach Dawson fahren, Auto abstellen, gut einen trinken – können auch zwei gewesen sein – und am nächsten Tag ruckzuck bis Mayo getrampt, wo ich jetzt bin und noch immer der Dinge harre, die da kommen. Ach nee, ich bewaffnete mich ja noch. Habe mir eine Superschleuder gekauft. Die guckten ganz schön blöd, als ich erst nach Bärenspray fragte, das sie aber nicht hatten und danach die Fletsch kaufte. Manchmal glaube ich, dass die Kanadier keinen Humor haben. Nun, zumindest nicht meinen. Mal sehen, ob ich mit der Fletsch Bären erlegen kann.

Und tschüss
Alternator-Berti

Hi Berti!

Dein Jim scheint ja eine tolle Kiste zu sein. Vor allem die Geschichte mit seinen kleinen Untermietern hat mich sehr erheitert. Bei Mäusen denke ich immer an meine Mutter (sie hat seit ihrer Kindheit eine Höllenangst vor Mäusen), die sich einmal vor einer Mini-Maus, die unsere Katze nach Hause brachte, derart erschreckt hat, dass sie wie bei Tom und Jerry (du kennst die Szene mit der dicken Mamsell in Lätschkes) auf dem Stuhl stand und meinen Vater ankreischte: „So tu doch endlich etwas, Kurt!!". Während mein Daddy seelenruhig dasaß und seinen Nachtisch löffelte und die Katze vor Schreck das Haus verließ. Das Ende vom Lied war, dass mein Vater und ich das kleine Biest mit einem Salatnetz (!) einfingen und in den Garten beförderten. Ein Riesenspaß – nur meine Mutter fand`s gar nicht lustig...
Lass es dir gut gehen und pass auf die großen (Bärlis) und kleinen (Mausis) Tiere gut auf!

Bis bald
Die Silke

Yukon-Rundmail 8.1

Halli, hallo, hallöle Deutschland,

da bin ich wieder mit neuen Abenteuern. Wenn schon keine echten, dann wenigstens selbst fabrizierte.

Geordie, meine Mitfahrgelegenheit, hatte mich mit dem Wagen gegen 14 Uhr am Weg zum Mt. Haldane abgesetzt. Von dort wollte ich zur South McQuesten Bridge zu meinem Kanu wandern. Aber nicht die Strecke, die ich mit dem Auto gefahren war, sondern eine alternative Route, auf der ich mich von der anderen Seite nähern sollte. Mal was Neues sehen.

Der Mount Haldane bei trügerisch gutem Wetter.

Nun, das Wetter war sehr gut, die Strecke nur 25 Kilometer lang und vor allem hatte ich leichtes Gepäck: Ein Daypack mit Kamera, Brot, Getränken, Regenponcho und Pulli sowie Schlafsack. Die ganzen Laubbäume waren gelb gefärbt, ich lief durch die goldgelben Wälder Lothloriens. Trotzdem war genug Platz für herrliche Aussichten (nicht wie im Algonquin Park, wo man fünf Kilometer durch dichten Wald läuft, einen Aussichtspunkt hat und wieder fünf Kilometer durch den Wald stapft; ne PvL?). Ich war vollkommen begeistert, guter Dinge und lief fröhlich pfeifend vor mich hin.

Irgendwann nach gut drei Stunden entschied ich mich, ob des hervorragenden Wetters doch den Mt. Haldane zu erklimmen. Da er da ganz alleine in der Gegend rumsteht, musste man von seinem Gipfel wohl einen phantastischen Blick haben. So gegen 19 Uhr kam ich an der Rückseite des Berges an. Hier standen zwei alte vergammelte Cabins und ich überlegte schon, dort zu nächtigen.

Allein bei diesem klaren Wetter das Nordlicht von der Spitze eines Berges zu sehen, reizte mich. Und Hütten sind für Warmduscher. Also klomm ich weiter hoch. Gegen 21 Uhr, etwa eine Stunde vom Gipfel entfernt, entdeckte ich eine halbwegs windgeschützte Ecke. Ich breitete den Schlafsack aus, wickelte den Regenponcho darum und guckte in den Himmel. Als Nordlicht kam so ein fahles weißes Etwas und schließlich bezog sich das Firmament auch noch. Zeit, Augenpflege zu betreiben. So um 3 Uhr morgens wachte ich auf. Etwas Kaltes, Nasses, Weißes in meinem Gesicht, das dort mit Sicherheit nicht hin gehörte, weckte mich. Der schöne Tag war in der Nacht zu einem recht heftigen Schneetreiben geworden. Die Temperatur war deutlich unter 0°.

Yukon-Rundmail 8.2

Es dauerte bis 9 Uhr morgens, ehe mein Schlafsack komplett durchnässt war. Selbst in Embryonal-Haltung war nichts mehr mit gemütlicher Wärme. Dabei heißt es in den Outdoor-Zeitschriften immer, dass Kunstfaserschlafsäcke auch wärmen, wenn sie nass sind. Ich kenne jetzt einen persönlich, der das nicht macht. So schnell habe ich mich wohl schon lange nicht mehr angezogen. Ich wollte nun zum Gipfel – so leicht gebe ich da nicht auf. Nach 30 Minuten warf ich doch das Handtuch. Die Sicht war maximal zehn Meter und den Trail auf der anderen Seite der Bergspitze hätte ich im Schnee bestimmt nicht gefunden. Oh grausamer Caradhas!

Also Abstieg zu den Hütten. Doch das war leichter gesagt als getan. Es war doch recht steil und vor allem auf den Steinhalden sehr glitschig. Mittlerweile war ich auch kletschnass. Rund zweieinhalb Stunden dauerte der Abstieg und ich weiß nicht, wie oft ich durch die Gegend rutschte und mich lang legte. Kurz vor den Hütten bekam ich es wegen der Minusgrade plötzlich mit panischer Angst zu tun: Mein gesamter Biervorrat für die Kanutour lagerte unter dem Kanu. Was, wenn die gefrieren und anschließend platzen würden? Grauenhafte Vorstellungen gingen mir durch den Kopf.

Im Tal angekommen musste ich erst mal die Hütten suchen. Von oben einfach zu sehen, waren sie doch gut im Wald versteckt. Ich war gut froh, als ich sie denn fand. In einem war ein Ofen und ich fand einiges Holz, das ich verstochern konnte. Meine Klamotten trockneten ruckzuck. Ist doch gut, wenn man ein paar Mark mehr für gute Outdoor-Klamotten ausgibt. Zum Brunch gab es trocken Brot und geschmolzenen Schnee. Lecker. Nachdem ich mich getrocknet und gewärmt hatte, machte ich mich auf den Rückweg. Der Trail bestand übrigens aus einer alten Minenstraße, die aber schon länger nicht mehr benutzt wurde, wie die etwa zwei Meter hohen Schößlinge zwischen den Fahrspuren zeigten. Die waren recht nass und ich schloss mich ihnen nach fünf Minuten aus Solidarität an.

Während des ganzen Bergabstiegs hatte ich von einer heißen Badewanne geträumt, schließlich lag an dem Punkt, wo ich diese Wanderung startete auch eine Lodge. Als ich jedoch ... halt, stop, ich habe euch ja alle reingelegt: Von wegen umentschieden und zum Mt. Haldane rauf wollen. Und ihr habt das geglaubt? So ein Quatsch. Ihr kennt mich doch. Ich lief natürlich wie üblich an der richtigen Abzweigung vorbei. Warum? Ist eigentlich recht einfach, wenn man bedenkt, wie die Wegfindung bei mir so vor sich geht: Erst mal in die geschätzte Richtung laufen. Wenn ich anderthalb Stunden gelaufen bin oder es merkwürdig aussieht, auf die Karte gucken. Ist darauf beispielsweise ein Berg verzeichnet, den ich links (ich bevorzuge bei Richtungsangaben links, rechts, vorne und hinten gegenüber Norden, Osten, Süden und Westen) passieren soll, suche ich mir den schönsten aus und gehe rechts vorbei. So gegen Abend beginne ich damit, mich zu wundern, warum das anvisierte Camp, der Fluss, der Pass usw. nicht auftaucht. Am nächsten Tag suche ich mir unter Zuhilfenahme von Karte, Kompass – das sieht immer so professionell aus, wenn ich nach mehreren Minuten mit wichtiger Miene auf irgendwelche Punkte weise und den gerade angenehmsten Weg einschlage, weil ich mit der Geduld am Ende bin –, Sonne, Augenmaß, Pi und Daumen den möglichst unmöglichsten Weg. Am Ende einer Tour stelle ich meistens fest, dass ich nicht unbedingt dort angekommen bin, wo ich hin wollte, aber es hier auf jeden Fall viel schöner ist. Noch viel mehr überrascht es mich allerdings, wenn ich das anvisierte Ziel erreiche. Sollte ich mir mal ein Satellitennavigationsgerät kaufen, dann wahrscheinlich nur, um genau zu verfolgen, wie weit ich mich vom richtigen Weg entferne.

Yukon-Rundmail 8.3

Auf jeden Fall kam ich jetzt gegen 16 Uhr an eine Abzweigung, die ich eigentlich hätte nehmen müssen, äh, wahrscheinlich. So ganz sicher war ich mir nicht. Aber mittlerweile noch zweimal durchnässt und wieder trocken gewandert, meldete sich die alte Abenteuerlust wieder und mit der Badewanne können sich die Sanitärberater beschäftigen. Ich schätzte die noch zu laufende Strecke auf rund 15 Kilometer, also zweieinhalb Stunden.

Ich lief und lief und lief. Den Weg konnte ich manchmal nur ahnen. Zu meinem – späteren – Unglück führte er nach ner Zeit auf eine gute Straße. Ein Weilchen darauf hörte ich Baggergeräusche. Ich näherte mich vorsichtig – die Elchjagdsaison hatte begonnen und einige von den Jungs sind echt paranoid. Doch ich bekam eine frohe Botschaft zu hören: Unmittelbar hinter dem Mining-Camp liege die Hauptstraße und von dort seien es noch zwei Kilometer bis zur Brücke. Er fragte mich zweimal ob ich in Ordnung sei. Ich sah wohl ziemlich fertig aus.

Knapp 20 Minuten später sah ich mein Kanu und meine Ausrüstung – von Bären gänzlich unberührt. Als erstes überprüfte ich die Unversehrtheit meiner Bierdosen, dann wurde Holz gesucht und ein mittlerer Berg Nudeln gekocht. Außerdem setzte ich eine weitere Misserfolgsstory fort: Berti und das Angeln. Mit einem eleganten Schwung warf ich Blinker und Haken an der Angel gen Fluss. Rund sieben Meter, was nicht gut ist, wenn der Fluss nur sechs Meter breit ist. Ein kurzer Ruck, Blinker und Haken blieben drüben im Gebüsch. Eine längere Suchaktion in meiner Ausrüstung förderte die bittere Wahrheit zutage: Blinker, Haken und Vorfächer lagerten in Jim und der stand ja in Dawson. Also wieder nur Fischstäbchen.

Gerade als ich am nächsten Morgen starten wollte, tauchten die Geologen noch mal auf, die mich und Jim aus dem Dreck gezogen hatten. Als ich ihnen meine Wanderstory erzählte, gab der eine mir noch seine Visitenkarte mit E-Mail-Adresse. Ich sollte ihm doch mailen, ob ich den Kanutrip überlebt hätte. Aus irgendeinem mir nicht nachvollziehbaren Grund hatte er wohl Zweifel daran.

Yukon-Rundmail 8.4

Der South McQuesten ist klasse: Sechs bis zehn Meter breit und dauernd Biegungen, hinter denen sich alles möglich verbergen konnte und dazu glasklar. Oh du süßer Nimrodel. Ich habe mittlerweile das Gefühl, als wäre ich auf einer Reise durch den „Herrn der Ringe" oder der gute John Ronald Raoul hat sich bei einer Reise durch das Yukon Territorium inspirieren lassen. Ich thronte in meinem aufblasbaren Sessel in der Mitte des Kanus: Saubequem, gut für die Gewichtsverteilung und dadurch einfach zu steuern. Na ja, so einfach auch wieder nicht, da ich bei den ersten engen Kurven doch schon mal ins Kehrwasser geriet oder unplanmässig am Ufer landete.

„'Shit' – Rumms" voll bepackt auf dem McQuesten River.

85

Wettermässig war es sehr schön: Kalt und klar. In der Nacht, sie beginnt mittlerweile gegen 21 Uhr, gefror das Spülwasser in der Pfanne und das Zelt war mit Rauhreif überzogen. Das bedeutete Phase 2 in Schlafgeschichten: Mit Fleece-Inlet in meinem Schlafsack, aber immer noch in Boxer-Short und T-Shirt. Das Rauskriechen am Morgen fällt jedoch sehr schwer. Nach dem Spülen und Waschen musste ich meine Finger aufwärmen. Abends konnte ich jedoch mit ruhigem Gewissen Kakao mit Rum trinken, war ja schließlich kalt. Der Sessel sorgte auch am Lagerfeuer für äußerste Bequemlichkeit.

Obwohl ich mich die meiste Zeit treiben ließ, sah ich nicht viele Viecher. Einmal zwei Elche, wobei ich anfangs nur zwei wedelnde Ohren in den Büschen sah. Da Büsche normalerweise keine Ohren haben sollen, landete ich an, um die Sache mal zu inspizieren. Zwei Elche kamen aus den Büschen heraus und neugierig näher. Mir fiel gerade nichts besseres ein, also machte ich „miez, miez, miez". Die Elche verschwanden unverzüglich im Wald, wahrscheinlich falsche Ansprache. Außerdem sah ich noch mehrere Flussotter und einen dicken, fetten Uhu. Am Lagerfeuer sitzend hörte ich abends und nächtens Rufe jeder Menge weiterer Nachteulenflattermänner. Ganz schön gespenstisch.

Elche am McQuesten River, die nicht – wie erhofft – auf „Miez, miez, miez"-Rufe reagierten.

Ein Schwarzbär ließ sich auch noch blicken. Ich hatte gerade mal am Ufer gehalten, um mich zu erleichtern, fuhr weiter und nach 30 Metern stand Blacky da. Wie üblich wildes Gesuche nach der Kamera und Fotos schießen, bis mir einfiel, dass ich ja meine neue Bärenwaffe testen könnte. Ich hatte abends und in den Pausen reichlich geübt und war auf 20 Metern ziemlich treffsicher geworden (die Werte fielen nach dem Genuss des spezialbehandelten Kakaos rapide), wie zahlreiche Bäume erzählen könnten, wenn sie könnten. Tja, so etwas verlernt man halt nicht und es muss nur aufgefrischt werden (na Jung, kannst du dich noch an unsere Kämpfe mit der Fletsch um die Baumhütte an der alten Ley erinnern?). Aber meine Treffsicherheit hatte sich anscheinend bereits am Yukon rumgesprochen – hier kennt ja jeder jeden – und der Bär flitzte wie von der Tarantel gestochen in den Wald, als ich ihn gerade anvisierte.

Die alte Bärenwaffe – das Spray – hatte ausgedient. Nachdem sich im Kluane ein längerer Schuss gelöst hatte und nach der Mäusejagd war das Teil schon fast leer, als ich es aus Versehen noch mal auslöste. Na ja, es sorgte immerhin noch mal für einen interessanten Knalleffekt in meinem Lagerfeuer.

Auf ihrem Weg nach Süden überflogen mich tausende Wildgänse.

Eines morgens wurde ich von hunderten oder sogar tausenden hellen, trompetenden Schreien geweckt. Ich sprang aus dem Zelt, doch die Ursache konnte ich erst nach einer ganzen Weile lokalisieren. Riesige Gänsegeschwader in Keil-, Pfeil- und Kettenformationen überflogen das Yukon Territorium auf ihrem Weg nach Süden. Manchmal lösten die Gänse ihre Formation auf, kreisten in einem wilden Pulk am Himmel und es dauerte teilweise eine halbe Stunde, bis sie wieder zu der richtigen Aufstellung fanden und ihren Südkurs fortsetzten. Den ganzen Tag über und auch an den beiden folgenden Tagen genoss ich dieses gewaltige Naturschauspiel.

Übrigens hatte ich mittlerweile von schriftlichen auf Audio-Aufzeichnungen gewechselt. In Whitehorse hatte ich ein Diktiergerät gekauft. Das war weniger umständlich und ließ sich vor allem beim Kanufahren während des Treibenlassens oder abends am Lagerfeuer hervorragend praktizieren. Außerdem konnte ich so Tonaufzeichnungen von einfließenden Bächen, Strom-schnellen oder auch dem Gänsegeschnatter machen. Eine weitere Vorstellung faszinierte mich: Sollte ich aus irgendwelchen Gründen über die Wupper, äh, den McQuesten gehen, konnten andere Menschen anhand der besprochenen Cassetten meine letzten Stationen und Gedanken genau nachverfolgen. Vielleicht würde ich so in ein paar hundert oder tausend Jahren zum „Ötzi" oder zum in der Nähe gefundenen „Tat-Man" werden. Vorerst erfreute ich mich jedoch bester Gesundheit und Laune.

Vier Tage keinen Menschen gesehen und die Fische sprangen lustig um mich herum (wie wit-zig von den Viechern!). Das Wetter war sonnig und trotzdem herrlich kühl. Im Farbenrausch des Indian Summer paddelte und trieb ich durch eine Zauberlandschaft. Am Abend des vierten Tages traf ich doch noch zwei Indianer, die auf der Elchjagd waren. Somit löste sich auch das Rätsel merkwürdiger Spuren an einem Steilufer, die ich vorher gesehen hatte. Bis in die Nähe des Steilufers führt ein alter Weg. Dort hatten sie ihr Kanu runterrutschen- und die mir altem Trapper aufgefallene, merkwürdige Spur hinterlassen. Ich war kurz vor der Brücke des Klondi-ke Highway, nach der der McQuesten – längst war auch der nördliche Teil zu uns gestoßen und wir hatten uns glücklich zu einem rund 20 – 25 Meter breiten Strom vereint – in den Stewart fließt.

Plötzlich gabelte sich der Fluss in zwei Arme. Ich nahm den rechten als Hauptarm. Fehler. Rund 300 sehr spannende Meter folgten. „Rumms" – aufgesetzt, „peng" – in ein Logpile geballert (ganz am Anfang schrieb ich mal Logjam, aber die versperren den ganzen Fluss, während Logpiles eine Anhäufung von Stämmen, meistens am Kopf von Inseln sind), „wackel" – einen quer über den Fluss liegenden Baumstamm überfahren und „rtsssscchh" – knapp unter einem Sweeper durchgesaust. Verluste: keine.

Yukon-Rundmail 8.5

Der Stewart war danach eine echte Erholung: zwischen 50 und 80 Meter breit, floss er gemäch-
lich dahin. Aussicht auf mächtige Berge, hier und da eine Cabin und starker Motorbootverkehr
(also es waren drei). Ich wollte ihn jedoch unbedingt paddeln, um mal zu sehen, was das für ein
Fluss ist, der da in den Yukon fließt. Es wurde sogar einigermaßen warm, so dass ich mich
endlich in die Fluten schmeißen konnte. „Uhhhhhhhhhh, ist das kalt." Ein herrliches Gefühl
wieder sauber zu sein. Allein nach meinem Empfinden scheint der Stewart bald zuzufrieren.

Auch beim Frühstück war der aufblasbare Kanu-Sessel ein echter Komfortgewinn.

Jetzt einige Originalaufnahmen vom Diktiergerät ohne Bearbeitung: „Die Strömung ist ein
bisschen träge, aber die Aussicht einfach klasse. Überall Berge, die gelben Wälder und durch
die Breite des Stewarts kann ich viel weiter gucken als auf dem McQuesten, obwohl der ja
auch sehr schön war und mich zum Schluss mit herrlichen Farben und wunderschöner Landschaft noch mal richtig verwöhnt hat. Ich weiß gar nicht genau wie ich das hier alles beschreiben soll... also der Himmel ist schön blau, links grüne Wälder, rechts gelbe Wälder, rote Hügel
vor mir, ich sitze im Kanu und lasse mich von der Strömung treiben. Es ist absolut genial. So
friedlich, so ruhig, so vollkommen irgendwie. Das ist Leben!" Oder in der Dunkelheit: „Es ist
kalt, der Himmel ist klar, ich sehe tausende von Sternen. Mit dem Mondlicht, das sieht großar-

tig aus, also so ein fahles gelbes Licht. Jetzt noch ein Nordlicht, das wäre der absolute Hammer."

Mächtige Winde von hinten – also nicht von mir, sondern um mich herum – ließen das Kanu über den Stewart flitzen. Größere Wellen bauten sich auf und ich wurde ganz schön durchgeschaukelt. Wellenreiten, geil! Die Wälder rauschten und knackten. Viele der goldgelben Blätter wurden heruntergeweht oder nahmen eine eher bräunliche Farbe an. Der Winter streckte seine mächtigen Arme über das Yukon Territorium aus. Der Wind wuchs zu einem richtigen Sturm heran und wirbelte den feinen Sand der Inseln über den ganzen Fluss. Jo, jetzt wurde ich auch noch sandgestrahlt.

Ende des zweiten Tages auf dem Stewart hatte ich jedoch das Gefühl, das ich die Gegend kenne. Ich konnte es fast selbst nicht glauben. Und richtig, links war ein großes Tal zu sehen aus dem ein mächtiger Strom geflossen kommt: Ich bin zu Hause – auf dem Yukon. Ich flitzte am Stewart Island vorbei und mache noch mal Fotos, um nachher mal zu vergleichen, wie es sich in den letzten Jahren verändert hat. Von Jahr zu Jahr wird nämlich mehr von der Insel abgetragen, wenn im Frühjahr das Eis losbricht. Die Bewohner, die Burians, mussten die diversen Blockhütten schon des öfteren weiter nach hinten verschieben.

Yukon-Rundmail 8.6

Der Fluss wird jetzt zu beiden Seiten von einem goldgelben Band gesäumt, dem im Sturm abgefallenen Herbstlaub. Viele Bäume sind schon vollkommen kahl. Plötzlich entdecke ich direkt vor mir am Ufer ein Dall Sheep. Wenn ich ein Ami wäre, hätte ich jetzt ekstatisch „Dall Sheep, Dall Sheep" rufen – so war es zumindest am Sheep Mountain im Kluane Park – und eine Bilderserie auflegen müssen. Das Viech guckte mich jedoch genauso blöde wie eine ordinäre Ziege an und lief so dusselig am Berg entlang, dass ich keinen Bock hatte, davon ein Foto zu schießen. Ich bin ja schließlich ein Ästhet. Am nächsten Tag, obwohl ich vier Jahre nicht mehr da war, erkenne ich ohne Karte Hügel- und Bergformationen wieder und kann verschiedene Inseln, auf denen ich mit den Gruppen gecampt hatte, identifizieren. Alleine bin ich jedoch wesentlich schneller und bereits um 16 Uhr erkenne ich, dass ich in gut drei Stunden in Dawson einlaufen werde.

Da wäre ich mal wieder. Zum sechsten mal über den Yukon in Dawson City angekommen. Ich übernachtete im Hostel bei Dieter Reinmuth – einem Deutschen, der auch einige Reisebücher geschrieben hat. Der Clou: Er verkaufte Dubbel Zoutjes, holländische, doppelt gesalzene Lakritze. Einer der Höhepunkte des Urlaubs. Es ist ganz anders in Dawson als sonst. Viele der Touriläden waren geschlossen – leider auch mein Stammrestaurant Klondike Kate's –, keine Wohnmobilhorden mehr und ziemliche Ruhe. Das wahre Gesicht Dawsons gefällt mir wesentlich besser, als das geschminkte.

Am nächsten Abend war Talent Show – so etwas ähnliches wie der Talentschuppen auf der Keylaerer Kirmes – in Diamond Tooth Gerties Salon, Kanadas erster lizensierter Spielhalle. Witzige Geschichte. Danach stieg ich beim Black Jack ein. Mal gewann ich, mal verlor ich, der Anfangsbestand blieb. Also zum Roulette, aber da lief es genauso. Irgendwann hatte ich genug davon und alles auf schwarz gesetzt. Es kam: die Null. Super. Mein eingesetzter Betrag war weg und ich ging zum gemütlichen Teil des Abends über. Meine ehemalige Stammkneipe hier, das Midnight Sun, ist out, nur was für Touris. Ich ging in eine Kneipe etwa 150 Meter weiter, den Namen habe ich merkwürdigerweise nicht behalten. Ich merkte schnell, dass es eine jener Nächte in Dawson werden würde. Ich muss das wohl mal genauer beschreiben.

Also zuerst die Hausband, die Pointer Brothers, die seit nunmehr 17 Jahren jeden Donnerstag bis Sonntag dort spielt: Rechts der Bassist sah aus wie David Crosby und ist wahrscheinlich seit Jahren im Koma, nur hat es keiner gemerkt. Der Drummer ähnelte Kurt Cobain, nachdem der sich die Ladung Schrot durch den Kopf gehen ließ und passte nun mal so gar nicht zu den langsamen Country-Stücken. Der Lead-Gitarrist wollte bei seinem Toupet wohl auf Nummer sicher gehen und orderte zehn Zentimeter Höhe. An der Fiedel ein Indianer, dessen Gesichtsmuskeln sich nur zum Rauchen und Trinken verzogen. Der Beste zum Schluss: Der Pianomann. Boris Karlov oder Loriot als Monster werden ihm gerade noch so gerecht. Interessant anzusehen, wie er sich während jedes 30-Minuten-Gigs durch die in Reihe auf dem Lautsprecher aufgestellten Bierflaschen arbeitete.

Zwischendurch sprang einer von der Talent-Show in Gerties Saloon, der das Klassenziel des abends schon etwas länger erreicht hatte, mit seiner Gitarre auf die Bühne und spielte mit. Dumm nur oder vielleicht auch besser so, das seine Gitarre unplugged und auch sein Mikro vorsichtshalber ausgeschaltet waren. Oder noch besser Paul. Ein alter Miner (ich schätzte ihn auf weit über 70) mit langem, weißen Bart, Cowboyhut, Latzhose und Satinhemd. Wahrscheinlich ein Kumpel von Häuptling „Kann kaum kauen" (der hatte noch 5 Zähne), den wir vor Jahren getroffen hatten. Cowboy „Kann nur noch lutschen", denn die Zähne hatte er wohlweislich zu Hause gelassen. Aber singen konnte er ganz gut und in der Kneipe tobte der Mob. Jedes mal wenn Paul ein Liedchen geträllert hatte, hieß es über Mikro „Übrigens Paul trinkt Brandy" (und zwar eine ganze Menge, wenn ich das mal ergänzen darf). Ich musste dort auch nur noch winken und bekam daraufhin einen Whisky-Cola ohne Eis serviert. Ich weiß überhaupt nicht mehr, mit wem ich über was quatschte. Ist auch nicht so wichtig, erinnert sich am nächsten Morgen doch keiner dran.

Halt, ich konnte noch einen Loriot-Spruch anbringen. Ich sprach gerade mit einem netten Exemplar des anderen Geschlechts, da quatscht mich so ein Typ an. Ich verstehe kein Wort. Dann doch. Er fragt mich, ob ich Englisch spreche. „Not in the moment", antwortete ich. Wahrscheinlich denkt der immer noch darüber nach. Ist ja auch gemein, wenn ein Halbbetrunkener einen Ganzbetrunkenen verarscht. Das sind so meine Erinnerungen an diese Nacht. Ich habe also mal wieder meinem großen Vorbild nachgeeifert: dem Mond, denn der war in dieser Nacht auch voll.

Hey Bruce,

no problems during my canoe-trip. Wonderful wheather in the golden fall, no problems to find the way, I didn't get in the mud with my canoe and I still had enough beer. After one week canoeing on McQuesten-, Stewart- and Yukon-River I arrived in Dawson. I have only seen two moose and one black bear.

Greetings and one more big „Thank you" to you and your friends
Bert

Hy Bert,

Glad to hear you made it!! I will let the others know. Good luck with your endeavours in the Yukon. Let us know how it all goes with the acquisition of property in the north. Keep in touch.Glad we were able to help you.

Regards,
Bruce Willmer

Yukon-Rundmail 8.7

Nach diesem kleinen Dawson-Intermezzo ging es wieder südlich. Allein an der Kreuzung des Dempster Highway dachte ich „ach, fahr doch mal rein, gucken wie es jetzt aussieht". Gesagt, tun getan. Doch erst einmal machte mir Jim einen Strich durch die Rechnung. Die Kupplung in der Automatik war hinüber, diagnostizierten wir an der Tankstelle. Es mag davon sein, das sie ein wenig trocken gelaufen ist, da ich das entsprechende Öl, so erfuhr ich, immer in den Behälter für die Servolenkung geschüttet hatte. Nun, einen Liter reingekippt und im zweiten Gang weiter gefahren.

Rund 70 Kilometer bis zu den Tombstone Mountains. Das Gesicht der Landschaft hatte sich stark verändert, denn der Herbst war vorangeschritten und lag hier in seinen letzten Zügen. Selbst der kleinste Gipfel wurde von einer weißen Pudelmütze gekrönt. Am Campingplatz – der vollkommen leer war – gab es einen zwanzigminütigen Trail. Er war sehr gut markiert. Das nützte jedoch überhaupt nichts. Nach einer halben Stunde stellte ich fest, dass ich wohl wieder auf irgendwelchen Elchpfaden wandelte. Es war sehr schön und witzig. Bereits nach einer Stunde hatte ich den zwanzigminütigen Trail hinter mich gebracht.

Es ging zurück auf den Silver Trail. Schließlich hatte ich mit den Fischen und dem Mt. Haldane noch ein Wörtchen zu reden. Also wieder zur South McQuesten Brücke und die Angel mit neuen Blinkern und Haken ausgeworfen. Ich hatte hier nämlich einen Angler getroffen, der einen Hecht und ein anderes Schwimmtier geangelt und wieder reingeschmissen hatte. Leider kam ich nicht mehr zu der Stelle hin, wo er gestanden hatte, da der South McQuesten durch Regen und Schnee viel breiter geworden war. Wieder nichts mit Fischen.

Im Auto fiel mir ein, das ich ja noch überprüfen wollte, wohin die Straße führt, auf die ich beim Wandern am Mount Haldane gestoßen war. Also Jim die Sporen gegeben und los. Zuerst war die Straße noch sehr gut, wurde aber rasch schlechter. Riesige Pfützen, Schlamm, Matsch – wir kamen überall durch. Der Bach war jedoch zuviel des Guten. Ich stoppte davor und wollte rückwärts setzen. Zu spät, ich saß mal wieder fest. Die Schuld daran trugen ganz klar Licht und Blinker. Sie hätten mich ja warnen können. Vor Wut trat ich sie erst einmal kaputt.

Hilft nix, hier ist kein Verkehr, also Wanderklamotten an und los. Das beste und einfachste wäre der Weg zur Hauptstraße zurück gewesen. Also tat ich das natürlich genau nicht. Schließlich wollte ich ja noch herausfinden, wohin die Straße führte. Munter über den Bach gejumpt und losgedackelt. Zuerst Elch-, dann Wolfs- und schließlich Bärenspuren gesichtet. Aber ich hatte ja meine Waffe und 30 handverlesene Steine dabei.

Hauptproblem war, das die Straße nicht in die Richtung der Hauptstraße führte, wie ich dachte. Nach rund einer Stunde hörte ich Motorengeräusche und kam an einen Goldclaim. Familie Clippert – Vater, Mutter, Sohn und Tochter – machte sich gerade auf, alles zu verriegeln und zurück nach Mayo zu fahren. Ich wurde in den warmen Trailer gesetzt und mit Donuts und Tee beköstigt. Es war sehr interessant, was die so erzählten über Goldmining und das Leben hier im Yukon. Dazu lachten wir eine Menge, vor allem über meine Wanderstorys.

Sie brachten mich mit ihren Allradvehikeln zum Auto, wobei sie sich wunderten, dass ich überhaupt soweit gekommen war. Kurz rausgezogen und ich fuhr hinter ihnen her, falls ich noch mal steckenbleiben würde, was selbstverständlich nicht passierte. Glücklich und zufrieden war ich auf der Hauptstraße, als es plötzlich so merkwürdig roch. Schnell einen weiteren Liter Öl in die Automatik gekippt. Leider schwappte es etwas über und entzündete sich an den heißen Motorteilen. Ich löschte die noch kleinen Flammen irgendwie und stellte anschließend einen Rettungsplan für meine gesamte Ausrüstung für den Fall eines kompletten Brandes auf.

Ich kam ohne Probleme bis Mayo, wo ich tankte. Rund 30 Kilometer hinter der Tankstelle machte die Servolenkung schlapp. Nun, dachte ich, das mag von dem vielen Getriebeöl kommen. Doch auch der Motor fing an zu glühen. An den Straßenrand gefahren, ausgemacht und nachgeguckt. Der andere Riemen für Ventilator und Servolenkung war abgesprungen. Aber schon hielt jemand, sprang mit Werkzeug aus dem Auto, montierte den Riemen wieder, sagte tschüss und war wieder weg. Der Riemen hielt immerhin zwei Kilometer.

Mittlerweile war es abend geworden und ich richtete mich schon für die Nacht ein, da kam ein weiteres Auto. Der örtliche Pfarrer hatte leider keine Werkzeuge, wollte aber die Mounties informieren. Ich mich also wieder hingesetzt und gelesen. Es hielt der nächste Truck, der Fahrer montierte den Riemen, aber der sprang direkt wieder ab. Mittlerweile waren auch die Mounties da. Wir kamen zu dem Schluss, das es das beste wäre, zur Tankstelle nach Mayo zurückzufahren. Mit meiner Eskorte lief ich dort ein und pennte an der Tankstelle im Auto.

Die Sache war ruckzuck repariert und ich um 20 Dollar ärmer. Wohlgemut fuhr ich los, ungefähr fünf Kilometer. Jim überhitzte wieder. In Etappen zur Tankstelle zurück, wo wir feststellten, das alles in Ordnung nur eben kein Kühlwasser mehr im Kühler war, während der Behälter randvoll war. Nachdem das auch gelöst war, erreichte ich Whitehorse ohne Probleme. Ich denke, ich werde die Strecke bis Dawson noch ein- bis zweimal fahren, dann hat mich jeder Yukoner einmal aus dem Dreck gezogen, diverse Motorreparaturen durchgeführt oder meiner Batterie nachgeholfen. Auch so kann man im ganzen Land bekannt werden.

Jetzt relaxe ich ein wenig in Whitehorse und überlege, was ich so als nächstes unternehmen werde. So hat mir John einen Geländewagen mit Allradantrieb für 800 Dollar und Jim angeboten. Hört sich doch ganz gut an oder nicht?

That's all
McQuesten- und Stewart-Berti

PS. Hier in Whitehorse waren es in der vergangenen Nacht –8°. Übermorgen sollen es sogar –10° werden. Geil! Übelwollende Menschen behaupten immer, es gäbe im Yukon nur drei Jahreszeiten: Juli, August und Winter. Das ist natürlich maßlos übertrieben. Schließlich gibt es ja auch noch zwei Wochen Frühjahr und zwei Wochen Winter. Und das jedes Jahr. Nun ja, zumindest fast jedes Jahr.

Tagchen Herr Baumann,

leider ist mein Leben nicht so aufregend wie das Ihre (deshalb gibt's auch keinen Rundmail sondern nur eine schnöde Mail). Haben Sie nicht so langsam genug von dieser ganzen Wildnis? Es gibt auch Bücher über diese Gegenden, die man sich in der guten warmen Stube bei einem schönen kühlen (nicht eiskalten) Pils reinpfeifen kann! Vermutlich sehen Sie mittlerweile auch schon wie der Yeti aus (dreckig, unrasiert, lange Haare, rauhe bis grobe Haut) – ekelhaft! Duschen Sie bloß vor Ihrer Heimkehr.

Das hört sich ja wirklich alles sehr abenteuerlich an. Manchmal möchte selbst ich als „echter Städter" kurzzeitig an deinem Trip teilnehmen. Wann ist denn deine Heimkehr geplant? Was ist mit den anderen Kontinenten (z.B. Australien bzw. Neuseeland)?

Thomas

Nur mal so zwischendurch

Hallo Leute,

ich hänge mal wieder in Schimmel rum. Tja, ab nächster Woche bin ich denn wohl mit meinem dritten Auto unterwegs. Meine Schrottmöhre Jim habe ich für den Gegenwert von 200 Dollar eintauschen können – wahrscheinlich wegen der mittlerweile eingebauten Air Condition: Autotür zugeschlagen, Schlüssel drin, dicken Stein geschnappt, Ende von Fenster hinten rechts – und werde ab Montag allradangetrieben die Gegend unsicher machen. Ich musste natürlich noch ein paar Scheinchen dazu legen. Am liebsten hätte ich auch noch eine Winde am Auto, um mich selbst aus dem Dreck zu ziehen, aber immerhin sind Schneeketten dabei. Ich hoffe mal, dass der Wagen mich aushält.

Erst muss ich aber noch mal in den Kluane. In Haines Junction soll am Samstag eine Show für die Karibus mit Dias von Ken Madsen und Musik sein. Madsen ist der Kanu-Guru des Yukon und hat ein Buch über alle Flüsse hier verfasst, das mittlerweile auch schon zu meiner Bibel geworden ist. Da werde ich morgen schon hinfahren, um noch mal einen kleinen Hike zu machen. Heute hat es hier wieder geschneit, die Berge um Whitehorse weisen jede Menge Schnee auf – sieht echt klasse aus – und in Dawson sollen es $-18°$ gewesen sein. Also das richtige Wetter für mich. Es wird wohl so Mitte bis Ende November werden, bis ich zurückkomme.

Allrad-Berti

Berthold Baumann   Berge können nicht Kanu fahren

Hallo Berti,

soll ich dir meinen Schlittenhund Robby zur Verfügung stellen? Er ist zwar kein wirklicher Husky, kommt dafür aber aus Tibet und da soll es ja auch schon mal die ein oder andere Schneeflocke geben. Schließlich hast du ja noch vor bis Mitte November zu bleiben und aufgrund deiner bisherigen Schilderungen bin ich mir nicht sicher, ob deine Autos so schnee- und eistauglich sind. Also überleg's dir einfach mal!

Also, was kann man dir für die nächste Zeit wünschen? Keine Frostbeulen? Halt dich warm!

Bis denne
Sandra

Welcome to the Zion Baptist Community Church Picnic

Please accept this card as your personal welcome to our picnic. We hope your afternoon is a delightful time of fun, fellowship and worship.

As believers our desire is to be like Jesus. So just as Jesus miraculously fed the crowds that followed him in order to offer them Heavenly Food, we also invite you to this earthly feast in order to tell you about the Bread of Life. But please note that Jesus only becomes the Bread of Life for those who repent and believe in him.

On a certain day Jesus turned to his followers and said, "The truth of the matter is that you want to be with me because I fed you, not because you believe in me. But you shouldn't be so concerned about perishable things like food. No, spend your energy seeking

National Park – übrigens gemeinsam mit dem angrenzenden
⸱l Park von der UNESCO 1980 zum Weltkulturerbe der Mensch-
1995 schon mal gegangen, aber jetzt im Winter sah es komplett
⸱nnenschein lief ich durch Wald, subalpine Wiesen und die übli-
⸱nter Berge voll von Schnee in den blauen Himmel ragten.

⸱h rund sieben Kilometern gemütlichen Wanderns eine kleine
⸱gsten ausgerüstet ist: Platz für sechs Zelte, Feuerstelle, Outhou-
⸱der Rucksäcke (damit die Bärchens da nicht dran kommen).
⸱gen war, erhob sich ein flottes Lüftchen und es wurde bitter-
⸱nir war natürlich keiner mehr auf diesem Trail unterwegs.

⸱mer. Ich wollte jetzt querfeldein – da gibt es keine Wege mehr
⸱sgeguckt hatte, hoch. Ging ganz gut, war aber recht steil und
⸱nze. Immer da, wo nur die Spitzen der Büsche rausschauten,
⸱s 40 Zentimeter tief in Schneewehen. Klasse. Leider war es
⸱ – krabbelnderweise – auf einem Grat ankam, hätte mich der
⸱tergeblasen. Na ja, irgendwo mussten die Schneewehen ja
⸱icht war grandios. Ich kam mir richtig klein und unbedeutend
⸱). Presseverteiler und -in-formationen, Druckluftrechenschie-
⸱re, halt die Sachen mit denen ich mich in meinem Job als
⸱ musste, verloren angesichts dieser Naturgewalt stark an
⸱ur wirkte für mich fast bedrohlich: „Ich kann dich jederzeit

wären zum Fotografieren ja besser gewesen, aber irgendwie
⸱⸱⸱⸱⸱⸱ wolken und der Sturm besser zu dieser Landschaft. Der Berg stand uner-
schütterlich, stet, fest und trotzte Wind und Wetter. Ist doch klasse als Berg, so hoch über allem
zu stehen, sich die Jahreszeiten in aller Ruhe anzugucken – die bunten Farben des Frühlings,
die Wärme des Sommers, den schnellen, goldgelben Herbst und sich vom Schnee des Winters
zudecken zu lassen. Und vor allem, dem hektischen Treiben der Menschen zuzugucken. Ich
glaube, ich wäre manchmal auch gern ein Berg (nein, nicht du, Klaus-Peter). Allerdings: Berge
können weder Kanu noch Motorrad fahren, bei Mine ein Bier trinken und, äh, ... andere schöne
Sachen machen! Vielleicht finde ich eine Stelle als Teilzeit-Berg. Oder doch lieber als Eisberg?
Die kommen weiter rum.

Manchmal wäre ich auch gern ein Berg, aber Berge können nicht Kanu fahren...

Ich ging wieder runter, packte meine Klamotten zusammen – zum Berg war ich nur mit Day-pack aufgebrochen – und setzte den Trail weiter fort. Selbstverständlich war inzwischen die Sonne herausgekommen (so in etwa der Österreich-Effekt, ne JR?). Der Trail bot unheimlich schöne Aussichten auf die Ruby und die Auriol Range: ganz unten die grünen Wälder, dahinter ein – mittlerweile – brauner Streifen der Büsche, darauf die dunklen Felsen der Berge und darüber der Schnee. Und das Zig- und Zigkilometer weit. Oder sogar noch weiter.

Yukon-Rundmail 9.2

Relativ früh hatte ich den Trail hinter mich gebracht, so dass mein Plan, 90 Kilometer nach Champagne zu fahren, Kanu und Ausrüstung zu deponieren, wieder nach Haines Junction zu fahren, zurückzutrampen und im Anschluss eine zweitägige Kanutour auf dem Dezadeash zu starten, ausgeführt werden konnte. Erst musste ich aber den Kanister für das Essen am Visitors Center abgeben. Bei einigen Trails im Kluane ist der ein Muss, bei anderen wird er empfohlen. In dem zylinderförmigen Kanister sollen alle Nahrungsmittel aufbewahrt werden, da er äußerst stabil und von den Bären weder zu knacken noch zu öffnen ist. Leider ist er nicht geruchsdicht, so dass man ihn nächtens weit vom Zelt entfernt verstauen sollte.

Munter und fröhlich fuhr ich über den Alaska Highway, bei der Landschaft macht das selbst bei den wegen der defekten Automatik zwangsverordneten 80 Sundenkilometern Spaß. Allein, ich kam nur etwa 20 Kilometer weit. Bei 80 Sundenkilometern kann man nämlich auch sehr gut durch die Gegend schauen. Links der Straße war ein etwa 25 Meter breiter Streifen gerodet

Ein wohlgenährter Grizzly – gut zu erkennen am Schulterhöcker.

und an dessen Ende stand ein Tier. Zuhause hätte ich auf eine Kuh getippt, hier war es aber ein Grizzly (Jupp, du weißt Bescheid, was deine Pflicht ist, ne?). Vollbremsung, Kamera raus und draufgehalten. Grizzly lässt sich nicht stören, auch nicht von den mittlerweile anhaltenden zwei

Wohnmobilen. Also 500 Millimeter Tele raus, auf Stativ montieren, neuen Film einlegen, auf Motorhaube postieren und Serien schießen.

Dabei ließ ich jedoch die Fahrertür geöffnet, um im Fall der Fälle schnell die Flucht ergreifen zu können. Bärli war nur noch 20 Meter entfernt. Dann fiel die Tür zu und die im hinter mir stehenden Wohnmobil sitzenden Touris konnten sich ein Grinsen nicht verkneifen, als ich schnell wieder meiner Fluchtmöglichkeit Tür und Tor öffnete. Schließlich musste ich sogar auf mein treues Kanu „`Shit` – Rumms" steigen, um den zwischenzeitlich auf 15 Meter rangekommenen Bären zu erwischen. Er ging jedoch in aller Ruhe daran, Wurzeln auszugraben und zu mampfen. Dabei war der schon ganz schön fett. Der Bär ging auf dem gerodeten Stück die Straße entlang und die anderen Autos und ich folgten ihm und hielten sobald er hielt.

Nun das Ganze ging so über knapp zwei Stunden und es war zu spät, um noch weiterzufahren, da um 19.30 Uhr die Show starten sollte. Also wieder zurück und das Kanu etwa 15 Kilometer vor Haines Junction an einem anderen Startpunkt deponiert. In der Community-Hall sagte man mir dann, dass die Veranstaltung zwar stattfinden sollte, aber ohne die Dias von Ken Madsen. Toll, wo ich hauptsächlich deswegen hierhin gekommen war. Die Musik war von „Wildlands" und Matthew Lien, was mir überhaupt nichts sagte. Das Ganze gehörte zu einem Karibu-Projekt und die Musiker hatten sich von Wildnisaufenthalten inspirieren lassen. Mir schwante Übeles, so „Hurz – der Rabe, Hurz – der Wolf' mäßig. War aber doch ganz schön. In der Pause erzählte eine Indianerin darüber, wie sie früher mit ihrem Großvater und der ganzen Familie Karibus jagte und es heute immer noch tut. Für diese First Nations – es handelt sich wieder um die Gwich'in Dene – ist das Karibu von elementarer Bedeutung, weshalb sie auch gegen neue geplante Ölförderungen im Gebiet der Tombstone Mountains am Dempster Highway sind. Mal sehen, was daraus wird.

Yukon-Rundmail 9.3

Am nächsten Morgen lief ich bei tollem Wetter die etwa zehn Kilometer zum Kanu. Ich wollte ja eigentlich meine neuen Stiefel testen – bis –40° Grad –, allein ich wäre mir ziemlich doof vorgekommen, mit einem Stiefel Größe 7 und einem Stiefel Größe 9 (ich habe ihn heute gegen ein passendes Exemplar getauscht). Kanu ins Wasser geschmissen und los. Paddeln brauchte ich nicht, war ja genug Strömung und mit den ganzen Schleifen etwa 15 bis 16 Kilometer Fluss. Herrlich auf diesem klaren Wasser genau auf die Berge zuzufahren und hinter jeder Biegung neue Aussichten und Lichtverhältnisse bzw. einen neuen Bildvordergrund zu haben. Ich probierte es noch mal mit dem Angeln, aber was soll ich groß dazu sagen: Abends gab es Spiegeleier mit Bratkartoffeln.

Auf dem Fluss gab es jedoch einige richtig gemeine Sweepers. Eine Tanne lag quer über dem ganzen Fluss. Ich navigierte zum rechten Ufer, um dort daran vorbeizukommen. War auch alles richtig, nur von dem ungewohnten Knien im Kanu – der eigentlichen Kanuposition – waren meine Knochen ein wenig steif geworden und ich kam nicht schnell genug aus dem Quark. Folge: Das Kanu legte sich quer vor die Tanne und Wasser schwappte rein. Ups, gar nicht gut. GsD war die Strömung nicht so stark, wie beim Yukon, sonst hätte das unschön enden können. Ein flotter Sprung und ein energischer Ruck am Kanu beendeten diese durchaus unangenehme Situation.

Die letzten paar Meter brachte ich auch noch hinter mich. Nach einer kurzen Relaxingphase zog ich schnell noch eben den Dezadeash Trail durch. Das sind nur rund sechs einfache Kilometerchen. Es gibt dort einen erhöhten Beobachtungsposten mit wunderschönem Blick auf die Kluane und die Auriol Range. Ausserdem liegt davor so eine Moorlandschaft, wo man eventuell Elche beobachten könnte, aber die sind mal wieder woanders saufen gegangen. Trotzdem saß ich dort anderthalb Stunden und genoss die Ruhe. Von mir aus hätte dieser Moment ewig dauern können. Einen Schönheitsfehler hat der Kluane aber: Regelmäßig gehen Flüge aus Alaska über den Park und zerstören die Idylle ein wenig.

Nachdem einige Leser schon mutmaßten, dass ich meine Autos häufiger als meine Unterwäsche wechsele, muss ich hier doch mal einfügen, dass ich mich anschließend rasierte, duschte, mich einlotionte und komplett neue Klamotten anzog. Ihr werdet jetzt sicher staunen, aber ich mache das wirklich alle paar Wochen. Auf dem Alaska Highway musste ich kurz die Stelle untersuchen, wo der Grizzly gewesen war. Der hatte den Boden auf der Suche nach Wurzeln ganz schön umgegraben. Vielleicht hat er im Frühjahr Zeit und kann bei uns den Garten umgraben? Ich kam ohne Probleme wieder in Whitehorse an, nur der Rückwärtsgang tat es jetzt auch nicht mehr. Aber immerhin hatte ich rund 1.500 Kilometer im zweiten Gang gemacht.

Nun Jim ist mittlerweile auch nicht mehr unter den Lebenden. Der Motor wird weiter verwertet, der Rest kommt auf den Schrottplatz. Seit heute fahre ich einen Ford Bronco I mit Allradantrieb, Baujahr 1978. Der kriegt keinen Namen mehr, allerdings überlege ich schon, eine Fahrt quer durch Kanada auf dem Polarkreis zu unternehmen. Wofür brauche ich jetzt noch Straßen? In den Tank passen gut 110 Liter, was mir einigen Aufschluss über seinen mutmaßlichen Verbrauch gibt. Glücklicherweise kostet der Sprit hier nur knapp 1,05 Mark und in Alaska ist es noch billiger.

That's all, folks
Dezadeash- und Bronco-Berti

Yukon-Sondermaildung 1.1

Hallo Leute,

jetzt ist es perfekt. Ist euch dieses dauernde Rumhängen in Whitehorse aus logistischen und monetären Gründen nicht komisch vorgekommen? Kanu auf Dach, Futter einkaufen, losfahren, Kanu auf Fluss, Futter rein und ab. Habt ihr euch nicht gefragt „Ist der blöde?" (dies ist eine rhetorische Frage und die Antwort lautet weder „ja" noch „42"). Einigen hatte ich ja Andeutungen gemacht und die meisten werden es eh geahnt, erwartet, gehofft oder befürchtet haben: Seit heute besitze ich ganz offiziell mein eigenes kleines Stückchen Kanada bzw. Yukon.

Links die Kneipe, rechts die Kirche: In Keno City stimmt das Größenverhältnis.

„Wo?", wollt ihr wissen? Nun ja, im weltbekannten Keno City. Bevor ihr jetzt alle die Atlanten wälzt, guckt lieber unter der Internet-Adresse **http://www.kenocity.yk.ca/** nach. Nachteil des Grundstücks: Es liegt mitten in Downtown Keno City. Vorteil: KC hat nur 25 Einwohner. Hier endet der Highway. Führt man in gedanklich weiter, würde man – glaube ich – nach etwa 300 Kilometern auf die nächste Stadt stoßen. Eigentlich fuhr ich da nur mal vorbei, um auch jeden Kilometer Yukon Highway unter die Räder genommen zu haben. Aber dann verliebte ich mich auf Anhieb in die Landschaft und das Dörfchen. Wo wird man im Yukon sonst schon von zwei

Schweinen begrüßt, die munter über die Straße laufen? Gepennt habe ich immer im Auto auf dem Keno Hill. Dort steht auch der touristische Höhepunkt für alle Amis: Die sogenannte Signpost. Ein Pfahl mit Schildern dran, die die Entfernung nach London, Paris, Berlin, New York, Haifa und was weiß ich noch angeben.

Aber erst nach der Besichtigung der Bar, entschloss ich mich. Bis vor etwa 30 Jahren war hier noch der Wilde Westen: Silber- und Goldminen und jede Menge Miner. Die Bar ist deshalb nun etwas überdimensioniert, da passen nämlich rund 400 Leute rein. Zum Ausgleich passen in die benachbarte Kirche nur 15 und die ist sowieso auch noch zur Bücherei umfunktioniert worden. Hier werden klare Prioritäten gesetzt. Vom Wirt Geordie kaufte ich auch mein Grundstück. Wir müssen noch etwas an seinem Whisky-Sortiment arbeiten, aber das werde ich wohl in den Griff kriegen. Auf jeden Fall, ließen wir an dem Abend noch kräftig die Gläser kreisen. Die Menschen dort sind alle ein wenig kauzig. Wahrscheinlich werde ich hervorragend reinpassen.

Signpost auf dem Keno Hill.

Es gibt sogar eine Pizzeria in Keno. Ist Mike, der Inhaber, mal gerade nicht da, wenn ein Gast kommt, macht irgend jemand, der gerade Zeit hat, das Essen. Bürgermeister Bob erzählte mir auch von der letzten Schlägerei in Keno City: Ein 72- und ein 76-jähriger kloppten sich in der

Kneipe. Bob schilderte mir beim Essen des Pflaumenkuchens seiner Frau Insa (aus Norderney) auch die Geschichte des Autounfalls, der stattfand, als es genau zwei Autos in Keno gab: Vor der Bar sind sie frontal gegeneinander gefahren. Ich hab' ihn dann gefragt, wer denn in dem anderen Auto gesessen hat.

Man kann hier wandern – jede Menge alte Minenwege und der euch allen mittlerweile bekannte Mt. Haldane; den knack' ich dieses Jahr noch, Kanu fahren – South McQuesten und zahlreiche Seen, angeln – wenn man es kann, reiten – ja, diese komischen Tiere, auf denen man immer so hüpft, mountainbiken, joggen – zum Keno Hill sind es genau zehn Kilometer, aber steil bergauf, alte Minen besichtigen, mit dem Allrad-Auto durch die Taiga ballern und, und, und. Wie ihr lest, bin ich immer noch hellauf begeistert.

Hallo Berti,

das sind ja Nachrichten, aber irgendwie habe ich in der letzten Zeit schon öfter mal gedacht: „Der kommt gar nicht mehr wieder" für mich als „jeden-Tag-im-gleichen-Büro-hockenden-Beamten" ist so etwas allerdings schwer nachzuvollziehen. Trotzdem bewundere ich Menschen, die einen solchen Schritt wagen. Aber in Zeiten von Internet und eMail wächst die Welt zusammen. Auf jeden Fall musst du über eine „WebCam" in deinem Haus nachdenken, dann können wir immer mal wieder „Berti gucken"! Gilt da nicht noch das Faustrecht und sowas? Hättest du den Wirt Geordie nicht einfach erschießen können und alles hätte eh dir gehört? Fragen über Fragen!

Lass es dir gut gehen,
Gruß Josef

>Hallo Berti,
Hallo Peter, Inge und Anhang,

>Ist dein Haus so ein mobiles Teil, wie man das aus den amerikanischen Road Movies kennt, eines welches nur schwer über die B9 gefahren werden könnte, oder habe ich da etwas falsch verstanden?
Also es ist kein sogenannter Trailer, sondern ein solides Holzhäuschen, ungefähr zwölf Meter lang, drei Meter breit und drei Meter hoch. Das ist eine Größe, die so gerade noch auf einen Truck geht und vor allem durch die Minto- und Mayo-Bridge passt.

>Was anderes, wo schreibst du eigentlich deine Mails, ich kann mir nicht vorstellen, dass es in Keno City ein Internet-Cafe oder ähnliches gibt. Obwohl die Homepage ist ja sehr professionell gestaltet.
Also meistens in Whitehorse. Hier gibt es ein Internet-Cafe (fünf Dollar die Stunde) und in der Bücherei kann ich die Computer eine halbe Stunde umsonst nutzen, wie auch in jeder anderen Bücherei im Yukon. Leider habe die anderen Büchereien so „lange Leitungen". Zur Zeit wird in Keno an einem öffentlichen Zugang gearbeitet.

>Ich glaube aber du bist ein zukünftiger Kunde für ein Handy mit einen Anschluss für Laptop und einem Anschluss für eine Digitalkamera, mit der du uns direkt live die Bären rübermailen kannst, oder noch besser eine Lifecam auf deinem Geländewagen oder Kanu, von wo wir dann alles hier in Kevelaer vollkommen live miterleben könnten.
Können wir mal drüber reden, wenn du einige Sponsoren auftreibst.

>Sind die Seen in der Umgebung eigentlich auch schön zum tauchen oder ist das dort verboten?
Ne, ne, aber es könnte recht kühl werden.

>Schöne Grüße noch von Inge und weiterhin viel Spaß beim putzen
Peter
Gruß
Berti

PS. Wenn du nicht so weit weg wärst würde ich dir Inge natürlich mal zum Putzen ausleihen (so Sprüche findet die echt gut)!
Schick' rüber. Wird zur Zeit ein wenig kalt hier und mir ist gerade ganz spontan noch ein anderer Verwendungszweck eingefallen.

Yukon-Sondermaildung 1.2

Dazu gibt es hier jede Menge anderer Storys: Etwa die von Paul, der ab und an ein wenig aus-rastete. In einer dieser Phasen kam der Stromableser des regionalen Energieversorgers. Paul fühlte sich aber massiv gestört und wollte den Stromer partout nicht einlassen. Das Schwenken eines Gewehrs sollte seiner Haltung Nachdruck verleihen. Stromi verschwand flotten Schrittes. Zwei weitere Dorfbewohner warnte er vor Paul. Doch die antworteten nur: „Wieso? Hinter uns ist der doch nicht her!" Nun wurden die Mounties verständigt. Paul stieß währenddessen alle seine Fenster ein und postierte an jedem ein Gewehr. Da es Winter war, wurde ihm jedoch schnell kalt und er wärmte sich in der geheizten und mit intakten Fenstern versehenen Com-munity-Hall. In der Zwischenzeit hatten die Mounties sein Haus umstellt und froren sich einen Ast ab. Sie staunten nicht schlecht, als der „Mad Trapper" plötzlich hinter ihnen auftauchte, was sie aber nicht an seiner Festnahme hinderte. In Whitehorse wurde danach festgestellt, dass ihm irgendein Botenstoff im Hirn fehlte, was zu seinen Ausrastern führte. Mit einem Medika-ment wurde das behoben (beruhigender Hinweis für alle Stromableser, die im Yukon tätig werden wollen).

Oder die Geschichte von den drei Trappern, die in einer von Bobs Hütten 200 Kilometer ent-fernt von der Zivilisation überwintern wollten. Nach einigen Wochen fuhren zwei von ihnen in die Stadt, um die Vorräte aufzustocken. Am dritten Tag befanden sie sich auf der Rückfahrt, mussten jedoch noch weit vor der Hütte ihr Nachtlager aufschlagen. Am Morgen wollten sie mit ihren Motorschlitten weiterfahren und waren reichlich überrascht, als sie ihren zurückge-bliebenen (örtlich) Kumpel auf einem von ihnen entdeckten. Er erzählte ihnen, dass er einen Anruf von seiner Schwester bekommen hätte und dringend nach Hause müsste. Das überrasch-te sie noch mehr, da es in der Hütte – wie bei fast allen Trapline-Hütten – natürlich kein Tele-fon gab und auch Handys hier nicht funktionieren. Bob hat seitdem drei goldene Regeln gegen das Hüttenfieber aufgestellt:

1. Wenn das Telefon klingelt, geh' nicht ran (muss vielleicht demnächst um E-Mails erwei-tert werden)!
2. Glaube bloß nicht deinen eigenen Mist!
3. Wenn du vor dem Überwintern in der Cabin nicht singen konntest, kannst du es nachher auch nicht!

Oder die Beerdigung von Jack, der bei einem Flugzeugabsturz ums Leben kam. Beim Beerdi-gungsschmaus wurde bis früh am Morgen getrunken und auf den Tischen getanzt. Danach fühlten alle Beteiligten sich ein wenig unwohl, obwohl sie wussten, dass es Jack sicher gefallen hätte. Pizzarist Mike Mancini sprach ich auf einen alten Dodge 88 an, der in Gipfelnähe des Keno Hills vor sich hinrostete. „Tja", sagte er, „da oben war mal eine wilde Party und ein paar Jungs fuhren bis direkt zur Party. Der Wagen blieb stecken und allgemein befand man, das es das einfachste wäre, ihn dort stehen zu lassen. Jetzt dient er schon mal Trappern als Nachtlager oder als Ersatzteillager."

So sehen die Reste einer Party im Yukon Territorium aus.

Oder die Geschichte von Geordie und dem schwarzen Hund, passiert in diesem Herbst. Geordie trat früh morgens vor die Tür und sah einen schwarzen Hund, den er nicht kannte (bei 25 Einwohnern und halb so viel Hunden kennt man normalerweise alle). Er rief: „Na, wo gehörst du denn wohl hin?" Der Hund kam näher, Geordie tätschelte ihm den Kopf und er lief wieder weg (der Hund, nicht Geordie). Ein paar Stunden später erfuhr Geordie, dass ein schwarzer Wolf durch die „Stadt" gestreunt und erschossen worden wäre. Geordie ist auch Erbauer und Besitzer des „Bottle House". Früher gab es im Yukon kein Flaschenpfand. Kurzerhand nahm er also die 32.000 gesammelten Bierflaschen aus seiner Kneipe und baute mit ihnen und ein wenig Zement ein Haus. Es soll sehr gut isolieren. Während nachfolgender Kanutouren, war es für mich immer ein witziger Zeitvertreib auszurechnen, was meine Kumpels und ich so hätten zustande bringen können. Zumindest in Gedanken wurde ich zum Erbauer des höchsten Wolkenkratzers der Welt.

Wenn Geordie mal ins Erzählen kommt, kann die Zeit sehr schnell vergehen. Es wäre nicht das erste Mal, wenn ein Teilnehmer einer Reisegruppe verloren geht, dass er sich in der Kneipe bei Geordie wiederfindet – und nicht allein wegen des kühlen Bieres. Zu einer der witzigsten Anekdoten des ehemaligen Seemanns zählt eine Nacht in einer Gefängniszelle in Kamerun. Sein

Mitgefangener gehörte zu einem Kannibalenstamm und war angeklagt, seinen Onkel aufgefuttert zu haben.

Das „Bottle-Haus" von Wirt Geordie besteht aus rund 32.000 Flaschen.

Oder Helen aus Österreich. Sie ist meine Nachbarin zur Linken. An meinem vorerst letzten Tag in Keno wollte ich mir ihre Leiter ausleihen, um meine Hütte für den Winter zu präparieren. „Die steht vorne am Dach. Ich war heute morgen noch oben, um den rußigen Schnee wegzufegen." Helen ist 80. Oder die Geschichte von... Ich habe das Gefühl, in Keno ist immer 1001 Nacht.

Hallo Berti!

Herzlichen Glückwunsch zum Erwerb von Haus und Land! Komischerweise geht mir neuerdings immer diese bekloppte Sparkassen-Werbung im Kopf rum:
A: Meine Arbeit, mein Auto, meine Mietwohnung in Oberveischede
B: Mein Urlaub, meine 3 Autos, mein Grundstück (von der Größe hast du ja zu zum Glück bisher geschwiegen), mein Haus!
Ich glaube, irgendwas habe ich falsch gemacht?! Dennoch gratuliere ich dir herzlich zu deinem neuen Sommerwohnsitz.

Alles Gute, viele Grüße aus dem Sauerland,
Klaus-Peter

Hi Berti,

du bist der Grund, der mich in tiefste Depressionen stürzt! Was soll das bedeuten, dass du dir ein Haus in Keno City gekauft hast? Du willst mir doch nicht klar machen, dass ich demnächst ganz auf dich verzichten soll? Das wäre nämlich ein schwerer Schlag für mich! Oder brauchst du vielleicht eine Haushälterin? Da kenne ich ein nettes, braves Mädel, dass da eventuell nicht ganz abgeneigt wäre. Na, Scherz beiseite... Was genau hast du vor? Willst du dir da drüben eine neue Existenz aufbauen? Wenn ja, als was? Du musst mir unbedingt genaueres darüber berichten. Nur so`n paar Brocken sind bei so einer Neuigkeit nicht genug!

Ich für meinen Teil hatte ja gehofft, dass ich den Jackpot von 28 Mio. im Lotto geknackt hätte, aber daraus ist leider nichts geworden. Ich habe schon von einer schönen Ranch mit Pferde- und Bisonzucht irgendwo in Montana oder so geträumt. Muss ich mich wohl auf meiner eigenen Hände Arbeit verlassen!! Macht auch nichts. Denn eines Tages werden Träume wahr. Stimmt doch oder nicht? Ich verlasse mich jedenfalls darauf.

Wenn du an einem Tim Hortons vorbei kommst, trink doch bitte einen "Iced Cappucino" auf mich und denk daran, wie sehr ich mich bei den derzeitigen Temperaturen danach sehne. Ganz ehrlich, ich hätte niemals gedacht, dass ich nach irgend etwas süchtig werden würde, aber dieser Cappucino hat mich an die tiefsten Abgründe meiner Standhaftigkeit getrieben. Es war zum Schluss schon so weit, dass ich nur noch von einem Tim Hortons zum anderen gefahren bin. Ich kleiner Süchtling!

Silke

Yukon-Sondermaildung 1.3

Nun, das danach war weniger toll. In Whitehorse musste ich von einem Büro zum anderen rennen, bekam überall andere Infos, es wurde zum Problem mein Geld aus Deutschland nach Kanada zu transferieren – hiermit rate ich euch allen von einem Konto bei einer großen deutschen 24-Stunden-Bank ab; die sind so flexibel wie ein Doppel-T-Träger in freiem Fall; das erste, was ich nach meiner Rückkehr in Deutschland mache, ist mein Konto dort zu eliminieren –, dann fehlte eine Unterschrift auf dem Vertrag usw. Manchmal hatte ich das Gefühl ich hieße Murphy.

Eine Hütte – nun von der Größe ist es eher ein Mobilheim, aber größer als eine Cabin – habe ich auch schon gekauft. Ich hatte ein schönes Grundstück, aber kein Dach über dem Kopf. Da ich selber keines bauen möchte bzw. kann – meine handwerklichen Fähigkeiten mit minimal zu beschreiben, ist schon stark übertrieben – war das eigentlich die eleganteste Lösung. Teppichboden, Schränke, Kühlschrank, Herd, Badezimmer mit Bad, Toilette und Waschbecken sind vorhanden und gefallen mir. Ich muss nur noch ein Bett, einen Tisch und zwei Stühle reinstellen. Die Hütte steht aber in Carcross – dieser Name weist nicht etwa auf eine Autokreuzung hin, sondern ist die mittlerweile eingebürgerte Kurzversion des ursprünglichen Namens „Caribou Crossing" –, etwa 500 Kilometer von Keno City entfernt. Aber so etwas ist hier ja „um die Ecke" und somit kein Problem. Nun, zur Zeit organisiere ich diesen Transfer. Das „Abhängen in Whitehorse" war also durchaus keine Zeitverschwendung.

Außerdem möchte ich mich noch bei allen bedanken, die mir positives über meine Rundmails geschrieben haben. Aber denkt bloß nicht, das hätte ich alles aus hehren Motiven gemacht. Erstens führe ich eh' immer ein Urlaubstagebuch, das nachher in eine Word-Datei übertragen wird, zweitens fordere ich ja durchaus Informationen als Gegenleistung (und erhalte sie mehr oder weniger) und drittens bin ich viel zu faul, nach meiner Rückkehr jedem einzeln die vielen Geschichtchen zu erzählen.

Ansonsten sind hier in Whitehorse-City gestern morgen zwei Grizzlies beim Durchwühlen einer Recycling-Station erwischt und von den Mounties erschossen worden. Traurig, aber Bären, die einmal vom menschlichen Abfall genascht haben, machen das immer wieder und werden zum Problem für die Menschen. 1997 sind aus diesem Grund 13 Bären in Whitehorse erschossen worden. Das Ganze ist zudem in unmittelbarer Nähe einer Grundschule passiert. Das ist wiederum ganz logisch, weil es sich bei den Bären um Junge aus dem vorletzten Jahr handelte. Muttern wird immer noch gesucht.

Sodele, da habt ihr erst mal eine ganze Menge zu verarbeiten. Die Besucherliste wird erst im nächsten Jahrtausend gestartet und geht nach Sympathie bzw. größtem Biermitbringsel (in Flaschen bzw. Fässern, nicht in der Wampe).

Macht's gut
Keno-Berti

Hey Berti,

gestern wollte ich auf deine Hammermail antworten, war aber zugegeben sprach- oder besser gesagt schreiblos! Das ist ja echt ein Ding. Da nimmt der Berti sich mal ne kleine Auszeit im Bärencountry und dann sowatt! Dat haut einen ja echt um. Tja und wie man sieht, einige der Fragen, die ich dann auch hatte, sind heute ja auch für's erste schon beantwortet. Gestern abend habe ich dann doch noch mal in den Atlas geschaut (nich um nach Keno City zu schauen) sondern nur so, um zu gucken wo du dich insgesamt so rumtreibst, und habe erst mal gesehen, was du da oben alles abgegrast hast. Ich hoffe nicht wörtlich, aber bei dem, was du so über deine Fischereierfolge schreibst, kann man sich schon ein bisschen Sorgen machen. Ich habe mir auch die Internetseite über Keno City angesehen. Die ist ja umwerfend. Was es dort alles gibt – unglaublich.

Gruß
Hildegard

Lieber Berti,

das sind ja wohl tolle Neuigkeiten! Willst du dann ein B&B eröffnen? Ist wahrscheinlich dafür zu weit ab vom Schuss. Aber da ich ja so gerne reise, komme ich vielleicht doch mal vorbei? Ich finde es super, Träume zu verwirklichen und beneide dich um diese Abenteuer. Ich würde schrecklich gerne auch noch einmal im Ausland leben! Aber dafür ist der nächste Urlaub gebucht. Ende November noch einmal nach Ägypten, aber leider nur für eine Woche, zum Tauchen! Wann kommst du eigentlich dann wieder nach Deutschland?

Viele liebe Grüße und viel Spaß beim Herrichten deines Häuschens!!
Vera

Hallo Vera,

nur um zu leben, braucht man hier nicht sehr viel Geld. Irgendwie sind die Ansprüche geringer (Auto, Kleidung, Elektrogeräte usw.); nicht ganz so drastisch, wie in Nepal, irgendwo dazwischen. Was schön wäre, wenn es klappt, wäre, hier im Yukon Stories zu sammeln und sich zu fiktiven inspirieren zu lassen und das dann in gebundener Form zu veröffentlichen. Das muss hier vor rund 100 Jahren schon mal so ein Kerl gemacht haben.

Ansonsten bist du natürlich herzlich eingeladen, mich hier mal zu besuchen. Ich muss vielleicht vorher noch mal anfragen, ob man hier tauchen kann. Das Wasser dürfte jedoch sehr kalt sein.

Tschüsskes
Berti

Yukon-Rundmail 10.1

Hähä,

da habe ich aber reichlich Antworten bekommen. Also zur meist gestellten Frage: Ich plane so etwa sechs Monate in Deutschland und sechs Monate in Kanada zu verbringen. Nächstes Jahr werde ich wohl Mitte Juni hinfahren. In den sechs Monaten in Deutschland werde ich leider arbeiten müssen, weil ich den starken Verdacht hege, dass ich vom Angeln nicht existieren kann.

Dann kann ich noch den Film „Mystery Alaska" empfehlen. Ist natürlich stark übertrieben, aber es geht hier teilweise wirklich so ab. Witzig, das Ganze im Kino in Whitehorse zu sehen. Die Sprache ist etwas derbe, wie eine ehemalige Bekannte von mir sagen würde, aber sehr lustig. Ich werde mir den Film wohl noch mal in deutscher Sprache reinziehen müssen, um alle Gags zu verstehen. Außerdem wird bald ein Film über „Grey Owl" oder „Wäscha kwonnesin" gezeigt (Hallo Silke B.).

Hi Berti,

solltest du etwa die „John's cabin on Sourdough Hill" gekauft haben? Als aufmerksamer Leser der Keno City Website ist mir diese Hütte ja direkt ins Auge gesprungen. Also dann überlege ich mir das noch mal mit der Besucherwarteliste.

Aber jetzt verrate mir doch mal: Wo wird denn zukünftig dein erster Wohnsitz sein? Ist das nun der Anfang, um Deutschland endgültig Lebewohl zu sagen? Wenn ja, wovon willst du dich ernähren (jetzt klinge ich wahrscheinlich wie deine Mutter, oder?)? Oder willst du die Hütte an Touris vermieten (aber da verirrt sich doch eh' keiner hin)?

Deine Mail hat mich doch etwas überrascht (obwohl man ja bei dir eigentlich immer auf alles gefasst sein muss). Das hast du nun davon! Also, ich bitte nun um Auflösung der 1000 Fragezeichen. Los! (solange halte ich auch den Hund bei mir, ätsch)

Bis dann,
Sandra

Hi Berti,

normalerweise warte ich ein bis zwei Tage und dann beantworten sich meine Fragen von selbst.... Aber jetzt gucke ich schon jede Stunde und du hast immer noch nicht auf Sandras Mail geantwortet. Ich bin genauso neugierig.... Derweil habe ich mir noch einmal die Homepage von Keno „City" angeguckt. Ich war Besucher Nr. 101. Nach deiner Yukon Sondermaildung ist der Zähler wahrscheinlich rasant in die Höhe geschnellt. Besonders erfreut war ich, dort zu lesen: pets are welcome – wir sprechen deutsch. In Keno City soll ja angeblich die Zeit stehengeblieben sein. Das trifft auf Geordie wohl nicht zu. Der sieht (sag es nicht weiter) auf dem Bild älter, als einige seiner Whiskyflaschen aus. Jetzt bin ich gespannt, wann du dort vorgestellt wirst. Wie wär´s: See our new Inhabitant Berti....... im Kreise der ledigen Dorfschönheiten. So weit reicht mein Englisch dann doch nicht. Bis denn, und nicht vergessen. Cheeeeeeese!!!

Gruß, Hildegard

Hallöle Sandra, hallo Hildegard,

also mein Grundstück ist nicht so doll groß. So 60 Meter lang und 40 Meter breit. Im Hintergrund steht ein Rudel Bäume, es geht dann etwa zehn Meter hügelab, es folgt der örtliche Campingplatz – sieben Stellplätze – und dahinter ist ein kleiner Bach.

Bis denn
Berti

Yukon-Rundmail 10.2

Da ich mich so lange und oft in Whitehorse rumgetrieben habe, möchte ich euch diese Hauptstadt des Yukon Territoriums doch mal genauer vorstellen:

Was die meisten wohl zuerst sehen werden ist der Flughafen. Klein und übersichtlich, doch ab
2000 sollen in der Urlaubssaison pro Woche zwei Direktflüge aus Deutschland hier landen. In
unmittelbarer Nähe des Flughafens sind ein Transport-Museum – dessen „Faszination" wahrscheinlich nur ein Amerikaner wahrnehmen kann – und das noch relativ junge Beringia-Center.
Skelette von Mammuts, Riesenbibern (kein Witz) und Säbelzahntigern stehen im Mittelpunkt.
Ein Teil des heutigen Yukongebiets, für viele ein Synonym für eisige Kälte und Schnee ohne
Ende, bildete während der letzten Eiszeit einen gletscherfreier Streifen zwischen Alaska und
dem Nordwest Territorium. Deshalb wurden hier zahlreiche Mammutstoßzähne und andere
Dinoknöchelkes gefunden.

Die Innenstadt von Whitehorse ist nicht besonders schön. Um genau zu sein ist sie ziemlich
hässlich. Die Straßenführung ist wie fast überall in Nordamerika kreuzworträselmäßig: Gerade
Straßen, einmal waagerecht, einmal senkrecht, man kann sie man im wahrsten Sinne des Wortes kreuz und quer durchlaufen. Die Autofahrer in Whitehorse sind gegenüber Fußgängern so
zuvorkommend und höflich, das es schon fast wieder nervt. Läuft man auf dem Bürgersteig
einer der Hauptstraßen, verhält den Schritt und überlegt, ob man eventuell die Straße überqueren möchte, haben an beiden Straßenseiten schon fünf Autos angehalten. Jetzt muss man rüber,
ob man will oder nicht.

Ein toller Anlaufpunkt ist das McBride Museum. Die gesamte einheimische Tierwelt präsen-
tiert sich dort ausgestopft. Ganz schön groß, so'n Elch. Und so nah wie dort möchte ich einem
lebenden Grizzly in freier Wildbahn auch nicht kommen. Überrascht hat mich die Größe der
Urahnen unserer Schäferhunde. Also entweder ist das ein Minischwarzbär oder ein Riesenwolf,
aber die beiden Tierchen sind ungefähr gleich groß. Die Knarren, Bilder aus der Goldrauschzeit, die Ausstellung über die ganz frühe Besiedlung dieser Gegend usw. sind auch recht interessant.

Die Robert-Service-Campground ist wunderschön und riesig. Direkt dahinter fließt der Yukon
vorbei. Man kann über eine Brücke zu einer Insel laufen und bereits hier Biber entdecken. Dort
erwartet einen ein erster Eindruck von der ungebändigten Natur. Einfach klasse. Leider ist der
Campingplatz rund drei Kilometer von der Stadtmitte entfernt. Immerhin muss man mittlerweile nicht mehr an der Straße entlanglaufen, sondern kommt über einen eigens am Ufer angeleg-
ten Fuß- und Radweg in die City.

Ganz toll ist das Hallenbad, der Lions Pool. Speziell nach einer harten Wander- oder Kanutour
ist es ein herrliches Gefühl sich in die warmen Fluten zu stürzen. Und zusätzlich der Whirlpool. Es war schon eine komische Situation, in Whitehorse in einem Whirlpool zu sitzen und
dabei einen Deutschen zu treffen, der in Kanada studiert und mit ihm zu erzählen. Loriot's
„Zwei Herren im Bad" lassen grüßen.

In der Kneipe Kopper King sollte ganz schön was los sein, hörte ich und probierte es direkt aus. Es ist Mittwochabend, aber die Kneipe ist rappelvoll. Jede Menge Kids, viele vom anderen Geschlecht und wohlproportioniert, trotz Kais – mit dem hatte ich mal in Whitehorse ein Bierchen getrunken – Behauptung: „Hier rennen aber jede Menge Nebelkrähen rum!" In diese Kneipe hätte ich mit Jürgen gehen müssen, als man ihn noch bei jeder Bierbestellung nach dem Ausweis fragte und ich noch Haare auf dem Kopf hatte. Aber meine Stammkneipe bleibt das Capitol auf der Main Street. Das Cap ist ein dunkler Schuppen mit alten Winchesters und erotischen Motiven aus der Goldrauschzeit an der Wand. Wenn das Bier einen Dollar kostet geh ich aus ins Lizzard oder manchmal ins Backwater. In allen drei Kneipen spielen an fast jedem Abend Live-Bands, ohne dass man zusätzlichen Eintritt bezahlen muss. Bei einem Normalpreis von vier Dollar für das 0,375 Fläschchen Bier muss das ja wohl auch drin sitzen.

Meine Hauptverpflegungsstation in der Stadt waren McDonalds und Pizza Hut, die beiden einzigen Filialen dieser Ketten im gesamten Yukon und zu meinem Leidwesen die beiden langsamsten der ganzen Welt. Oder wie sonst ist es zu erklären, dass ich bei vier anderen Gästen und drei Bedienungen in der Pizzabude nach zehn Minuten immer noch ohne Speisekarte dort saß? Deshalb verpflegte ich mich häufig im Pasta Palace auf der Main Street. Hier gibt es gutes und günstiges Essen und der Laden wird, wie es sich für einen Nudelschuppen gehört, geleitet von – Chinesen. Stimmt ja, Marco Polo, der alte Vogel, soll das Zeug ja mit nach Italien gebracht haben. Nach einer Weile bekam ich zum Dinner schon direkt ein Canadian – die von mir bevorzugte Biersorte – gebracht, ohne es extra bestellen zu müssen. Das führte sogar so weit, dass ich, wenn ich mal kein Bier beim Essen trinken wollte, beim Betreten des Lokals direkt „No beer today" rufen musste. Gott sei Dank war das recht selten. Insgesamt hatte ich halt irgendwie keinen Bock, in der Zivilisation Kocher, Töpfe und Pfanne auszupacken und auf einem Parkplatz oder so zu köcheln.

Yukon-Rundmail 10.3

Begeistert war ich vom Visitor Center. Hier bekommt man wirklich jede Auskunft. Und es gibt öffentliche Fernsprecher, bei denen keine Straßen- oder andere Geräusche stören und ich konnte in Ruhe telefonieren. Karin, Sekretärin beim ebenfalls hier beheimateten Marketing-Department, kannte mich nach einer Weile auch schon und wusste, dass dies mein Büro war. Als ich nach dreiwöchiger Tour mal wieder einen Telefonmarathon einlegte (Auto, MTB, Haustransport usw.), kam sie im Stil einer Chefsekretärin auf mich zu und sagte: „There have been three phone calls for you, Herr Direktor." Die Leute hier sind einfach gut drauf.

Darüber hinaus wird ein phantastischer Film über das Yukon Territorium gezeigt. Bilder und Musik sind wirklich erstklassig. Nach jeder längeren Tour sah ich mir den Film noch einmal an und entdeckte immer wieder Landschaften, die ich kurz zuvor noch live gesehen hatte. Erstaunlich, dass Keno City so oft vertreten ist. Zahlreiche Menschen berichten in diesem Filmchen über ihre Erfahrungen und Gefühle mit Land und Leuten. Am meisten lachte ich immer, wenn ich die Kommentare in englischer Sprache mit diesem grauenhaften deutschen Akzent hörte – wohl wissend, dass mein Englisch genauso, wenn nicht gar schlimmer, klingt.

Nach einigen vergeblichen Versuchen, hatte ich auch endlich die Uferstraße auf der anderen Seite des Yukons gefunden. Ich fuhr sie entlang und stellte fest, dass es in Whitehorse auch sehr viele schöne Ecken gibt, z.B. den Long Lake. Hier kommen kaum Touristen hin und man hat von einem etwas erhöhten Platz einen wunderschönen Blick auf den See. Ich parkte mein fahrendes Schlafzimmer an einem Samstagabend dort und legte mich zur Ruhe. Die zahlreichen alten Feuerstellen unter den Schildern „No campfires" hätten mich schon stutzig machen müssen. So wachte ich zu meinem Missvergnügen gegen 24 Uhr inmitten einer „Open-air"-Party der hiesigen Jugend auf.

Sehr schön ist das Ufer zum und am Miles Canyon gegenüber des von den meisten Touristen angefahrenen Ufers. Viele kleine Grillstellen mit Bank und Tisch laden zum gemütlichen Verweilen geradezu ein. Von hier zurückfahrend sah ich, dass selbst Whitehorse beim Sonnenuntergang Charme zeigen kann. Ein bisschen zumindest. Für viele ist Whitehorse deshalb mehr ein erster Anlauf- und Versorgungspunkt.

Einen Besuch wert ist die Fischleiter. Sie wurde für die flussaufwandernden Lachse eingerichtet, als der Staudamm zur Elektrizitätsversorgung der 23.000 Seelen-Stadt gebaut wurde. Mittels dieser Leiter können die Lachse den Staudamm umschwimmen. Außerdem können sie so einfach gezählt und einige zur weiteren Aufzucht rausgefischt werden. Für die Besucher ist ein Sichtfenster angebracht. Wenn ich mir die da vorbeischwimmenden riesigen Lachse mit ihren zahnbewehrten Mäulern ansah, bekam ich immer wieder Angst vor dem Nacktschwimmen im Yukon. Mal gut, dass der so kalt ist und einige mir wichtige Körperteile klein und hoffentlich als nicht lohnende Beute angesehen werden.

Der Damm hat jedoch den Namensgeber der Stadt vernichtet: Die White Horse Rapids. Die Stromschnellen waren so mächtig, dass sich auf den Wellenkämmen Strudel bildeten, die eben weißen Pferden – auch Schimmel genannt – ähnelten. Viele Boote der Goldgräber, die die Stromschnellen auf ihrem Weg vom Lake Bennet bis Dawson City am Klondike passieren mussten, kenterten hier mitsamt den Hoffnungen ihrer Insassen. Jack London, Abenteurer und schriftstellerischer (Ver-)Dichter des Goldrausches, verdiente sich 1899 Geld damit, Boote durch diese Stromschnellen zu führen.

Dat isset jetzt ers ma, muss mein Häuschen säubern und auf Vordermann bringen
Berti

Hallo Häuslebauer/-besitzer!

Ja, ja. Das war ja zu erwarten. Jetzt setzt sich der Kerl doch glatt zu den Grizzlys ab!!! Dennoch muss ich sagen: Hut ab! Find ich richtig mutig. Ich würde mich das nicht trauen. Aber für dich ist es sicherlich die richtige Entscheidung. Deshalb beglückwünsche ich dich zu deiner Entscheidung. Aber jetzt mal konkret: Sag mal, wie willst du dein Geld in Deutschland verdienen? Hast du schon einen Job? Oder wirst du deinen Whisky-Laden in Kevelaer weiter betreiben? Jeweils ein halbes Jahr hier und ein halbes Jahr dort – da musst du hier in Old Germany ziemlich ranklotzen! Und was sagt denn deine Familie dazu? Könnte mir denken, dass die nicht sehr begeistert sind...

Schreib mir mal, wie deine weitere Planung aussieht. Im übrigen freue ich mich auf ein Wiedersehen und auf deine Fotos...

Bis bald also!
Silke

Yukon-Rundmail 11

Good morning Germany,

ich muss mal eben 'ne Putzpause einlegen. Die Bude war innen doch dreckiger, als ich gedacht hatte. Der Vorbewohner war starker Raucher und von dem Zeug, das ich von den Wänden kratzte, könnte unser geliebter Landesvater (NRW) ein Jahr paffen. Dazu malträtierte ich noch den Teppich mit so 'ner Maschine. Es sieht jetzt schon wesentlich besser aus und vor allem der Nikotingeruch ist fast weg. Na ja, bis Montag werde ich noch raffeln, schließlich muss ich ja auch alles versandfertig machen.

An meinem Auto arbeitete ich auch noch. An den unteren Flanken war es doch arg rostig. Ich hätte das jetzt ein bisschen putzen, abschleifen, mit Antirostfarbe behandeln und anschließend lackieren können, aber ich ließ die ersten drei Punkte weg. Sprühdosen gekauft und draufgehalten (wenn Sammy das hört, fällt er tot um). Die Karre ist jetzt neben beige, braun, weiß und rot auch noch grün (in den Fahrzeugpapieren ist als Farbe „blau" eingetragen). Eigentlich sollte sie auf der linken auch noch blau werden, damit ich immer weiß wo rechts und links ist, aber die Farbe gefiel mir nicht und so sprühte ich da grün drüber. John hatte Pia übrigens doch weiterverkauft bzw. gegen zwei schrottige Trucks getauscht, und der Motor gab ein paar Tage später seinen Geist auf. Komisch, komisch.

Da das 750-gr-Glas Nutella in Whitehorse umgerechnet rund zehn Mark kostet, wich ich teilweise auf Rapsberry-Marmelade aus. Bei der ersten Nutzung musste ich aber doch lachen: Der Inhalt sieht exakt so aus, wie das, was die Bären hinterlassen, wenn sie viele von den Beeren gegessen haben. Zum Thema Frauen – da fragen ja doch immer wieder regelmäßig einige – kann ich so direkt keine Stellung nehmen, vielleicht beantwortet die folgende Story die Frage:

In Keno City herrschen ziemlich rauhe Sitten. Jeder Neue muss eine Mutprobe ablegen. „Hör zu, Berti", sagte Geordie, „du wirst jetzt eine Flasche Whisky auf Ex trinken, einen Grizzlybären erlegen und anschließend die alte Kohler-Witwe vergewaltigen." – „Okay!", antwortete ich, trank die Flasche aus und lief singend in den Wald. Am nächsten Tag tauchte ich blutverschmiert wieder auf. „Nummer zwei ist auch erledigt... und wo ist die Kohler-Witwe, die ich abknallen sollte?"

Allen eine angenehme Arbeitswoche
Putz-Berti

Berti,

das war ja eine ganz nette Geschichte, aber so einfach kommst du uns nicht davon! Jetzt ma' Butter bei die Fische: Gibt es in diesem Dorf überhaupt eine einzige Frau unter 60 oder regelt sich der Heiratsmarkt auch irgendwie telefonisch oder über Email, so quasi auf Bestellung? Was die Kommunikation betrifft, so seid ihr ja zugegebenermaßen auf einem recht aktuellen Stand. Irgendeiner von euch muss ja sogar einen Internet-Anschluss haben!? Und diesmal wird mir nicht drumherum geredet !

Neugierigste Grüße aus'em Pott,
Sandra

Hey Mädels,

also, das ist doch eigentlich ganz klar: Ich bin nach Kanada gefahren, um mich zu erholen. Da in Deutschland die Mädels ja um mich herumschwirren, wie Bienen um den Honig, brauche ich sechs Monate im Jahr, um mich davon zu erholen. Das Leben kann ja so ruhig, friedlich, unkompliziert und angenehm sein. Keine Frauen (und Motorräder) mehr, wo ich hinterher gucken muss. Das wirkt sich positiv auf meine Halsmuskeln und meine Augen aus. Ich glaube, ich habe die zweite Stufe des Zen erreicht. Die nächste erreiche ich bestimmt nach einer weiteren Nacht in Dawson City, denn saufen tu ich auch weiterhin.

In der Hoffnung, damit alle Fragen beantwortet zu haben, verbleibe ich mit freundlichen Grüßen
Berti

Hallo Silke,

in meinem Alter kann man schon mal etwas vergesslich werden. Also ich habe mir gestern „Grey Owl" angeguckt. Die Deppen in Hollywood haben das mal wieder in Schema F gepresst: Mann findet Frau – Mann verliert Frau – Mann gewinnt Frau wieder. Damit auch der blödeste Ami das kapiert und die können ja verdammt blöde sein, wie du weißt. Dabei wäre das so ein toller Stoff für einen besonderen Film gewesen. Landschaftsaufnahmen sind auch nicht so dolle. Also Wertung: Nicht besonders sehenswert, es sei denn, du stehst auf Pierce Brosnan (was ich – merkwürdigerweise – nicht tue!).

Berti

Yukon-Rundmail 12.1

Namaste,

ich habe an einem echten amerikanischen Erntedankfest teilgenommen. Statt Truthahn gab es zwar Lachs, aber das war mir nur recht. Zur Erklärung muss ich aber etwas weiter ausholen.

Also, zur Zeit putze ich mein Holzhäuschen mit großem Fleiß. Es steht noch auf dem Grundstück von Bobo, von dem ich es kaufte. Bobo ist mit Gail (Hallo Hans, erinnert dich das an etwas?) in Urlaub. Er ist recht wohlbeleibt und muss beim Einsteigen ins Auto erst das Lenkrad nach vorne stellen und Gail steht ihm in nichts nach. Muss wohl der Beruf sein, die beiden haben eine Bäckerei. Josh, 24, aus Seattle – er schreibt zur Zeit an einem Roman – passt auf alles auf, hat aber keinen Schlüssel für das Haus, sondern nur für die Bäckerei, in der sich an sanitären Anlagen nur eine Toilette und ein Waschbecken befinden. Daher wird er und mittlerweile auch ich, des öfteren von Nachbarin Karon (so, ich bin es leid, wenn da wieder 1000 Fragen kommen, wie alt sie ist, wie sie aussieht, was wir so gemacht haben usw., verwende ich demnächst nur noch Männernamen) eingeladen, ein Video zu gucken oder auch einfach mal nur zum Duschen.

Das Grundstück von Bobo ist eh die Härte. Riesengroß – was man von meinem nicht behaupten kann – und aufgefüllt mit allem, was er in den letzten 30 Jahren billig aufgekauft hat. Aber nicht schön zum Weiterverkauf sortiert, sondern wild durcheinander und teilweise im Freien, wo es vor sich hin gammelt. Wenn irgend jemand mal das Grundstück aufkauft, sollte er am besten direkt ein Freiluftmuseum daraus machen oder über hervorragende Kontakte zur Müllhalde und einen riesengroßen Truck verfügen. Außerdem sind da noch zwei Hunde und ein Pony. Die sind angeleint – so fünf Meter Leine –, aber werden nie zum Auslauf mitgenommen. Der eine steht voll neben der Hütte und bellt dauernd. Nach fünf Tagen schnallte er, dass ich jetzt wohl auch dazugehöre. Der andere Köter bellt aus Sympathie mit. Das Pony verscheucht morgens die Raben vom Futter. Eine echte Psychobande.

Hi Berti,

so, so, aber Einladungen zum Duschen bekommst du noch? So nennt man das also heutzutage. Ich merke schon, die Fragerei hat keinen Sinn. Wir werden uns selber davon überzeugen müssen. Ne, Hildegard? Jetzt ist es uns aber noch zu kalt. Aber wenn die Temperaturen wieder ansteigen (und du die Dusche, die Heizung, die Küche – nicht zu vergessen: den Geschirrspüler, die Waschmaschine und das Gästezimmer eingerichtet hast), dann werden wir schon sehen, warum du Kanada so toll findest.

Schöne Grüße,
Sandra

Hi Berti,

es lag mir ja schon fast auf der Zunge zu fragen, was mit Karon und Duschen und so ist. Aber das lass ich natürlich jetzt sein, du alter Ehebrecher. :-)

Erstmal Danke für deine vielen Mails. Damit sind wir ja bestens informiert über dich und dein Tun. Noch besser wäre es allerdings, wenn du dir eine Web-Cam zulegen würdest. Das Auge will halt auch was davon haben.

Didi

Yukon-Rundmail 12.2

Und am Montag Erntedankfest, eines der höchsten und amerikanischten aller Feste. Mit dabei waren James – 78, Miner aus USA und durch die ganze Welt gereist –, Barry, Norman und Lyn aus Whitehorse, natürlich Karon sowie Josh und ich. Wir starteten mit einem Spaziergang an der Küste des Lake Bennett. Sah so ähnlich aus, wie in den holländischen Dünen, wenn man von den schneebedeckten Bergen absieht. Da fanden wir drei Hundeskelette – weit auseinander und eines war noch nicht skelettig, da hatten die Fliegen noch ihre Freude dran – (Lyn sammelt Knochen und wir nahmen einige Kilo mit) und Norman gab mir irgendwelche fiesen Beeren zu essen. Nachdem ich das mit Mühe und Not überlebt hatte, machten wir es uns im Häuschen von Karon – sie ist aus England und ihr Mann zur Zeit dort – gemütlich, erzählten nett und die Frauen kochten (hier ist die Welt eben noch in Ordnung). Vor allem James Geschichten waren sehr interessant. Ich gab halt meine Mäusestory zum besten.

Und dann futterten wir richtig. Ich weiß gar nicht, was es alles war (Lachs, Kartoffeln und Möhren konnte ich identifizieren), aber es schmeckte sehr gut. Außerdem gab es noch Kuchen. Um die Köche nicht zu beleidigen, langte ich kräftig zu. Es war ein witziger Tag. Letztendlich fiel jedoch auch diese Welt in Scherben: James und ich machten den Abwasch (zwar freiwillig, aber es hinderte uns auch niemand daran). Ach ja, bei Karon gibt es auch noch drei Hunde. Ziemlich groß und irgendwas retrivermäßiges. Beim Videogucken legte sich immer einer neben mich aufs Sofa und versucht, mein Gesicht abzuschlecken, während ich versuchte, 20 Kilogramm Hund von meinem Gesicht fernzuhalten. Bisher erfolgreich, wenn man von einer kleinen Wunde am Kinn absieht.

Nun, heute fuhr ich nach Whitehorse, um ein paar Sachen wegen des Transports zu regeln, mal wieder zu joggen usw. Außerdem schaffte ich mir ein Heizöfchen an, da ich bei rund –5° in meinem Häuschen (alle Anschlüsse sind abgeklemmt) doch relativ lange brauche, um aus meinem mollig warmen Schlafsack zu kriechen. Vor allem, den blöden Typen, der mein Häusle wegbewegen sollte, erreichte ich nicht mehr. Falls das jetzt nicht klappt, will Bobo sich aber darum kümmern.

An den Abenden saß ich teilweise mit Josh in der Bäckerei, wir brutzelten uns was nettes und diskutierten über Gott und die Welt, was wörtlich zu nehmen ist, da Josh sehr religiös ist, was man von mir wiederum nicht behaupten kann. Obwohl Josh auf dem College war, hatte auch er nicht die geringste Ahnung, was es mit der Teilung Deutschlands und Berlins auf sich hatte. Als erfolgreicher Absolvent des Matthes-Janssen-Geschichte-Leistungs-Kurses half ich ihm auf die Sprünge.

Zur Zeit überlege ich noch, was ich mache, wenn der Haustransport endlich stattgefunden hat. Sicherlich einige Zeit in Keno bleiben, aber vielleicht auch noch per Auto durch British Columbia runter nach Vancouver oder Seattle. Mal sehen.

Aufwiedertschüss
Berti

Hallo Berti,

hier schreiben Rolf & Katja, wir hoffen, du kennst uns noch.... Lennart schläft zur Zeit und da las ich gerade deine Nachricht vom Thanksgiving. Aber zwischenzeitlich scheint ja ne Menge passiert zu sein, zumal du dich ja nun als Immobilienbesitzer in Kanada bezeichnen kannst (ich hoffe, ich hab' das richtig in Erinnerung?)!

Die ganzen Orte, die du während deiner e-mails aufzählst sind für uns ehrlich gesagt nur böhmische (kanadische) Dörfer, aber wir gehen immer noch davon aus, dass du dich in Kanada aufhältst.

Bis dahin
Rücken-Rolf (immer noch nicht besser)

Hallo Berti,

oh ja, wir haben uns lange nicht gemeldet. Asche über unsere Häupter. Aber nach dieser Mail mit dem Immobilienkauf – da war ich einfach sprachlos. Und das passiert nicht oft, wie du weißt. Und bei uns gibt es eigentlich nicht viel Neues. Wir haben unsere letzten Kröten zusammengekratzt und noch etwas dazu geliehen, um unser Auto zu bezahlen. Und du kaufst mal eben Grund und Haus in ganz weit weg. Unglaublich.

Und du, wie fühlst du dich, wo deine Tage dort zu Ende gehen. Kannst du dich wenigstens etwas auf Zuhause freuen? Oder würdest du lieber der absolute Einsiedler werden? Natürlich haben wir direkt nach deinem Schreiben den Vorsatz gefasst, dich mal zu besuchen. Aber, wie du schon erwähntest sind die Voranmeldelisten vermutlich unendlich lang. Und wir sind ja in solchen Fällen, was die Finanzen und die Urlaubsgenehmigung seitens unserer Arbeitgeber angeht, nicht die Flexibelsten. Aber der Wunsch ist natürlich schon da, wäre auch unnatürlich wenn nicht, oder?

Suse & Jürgen

Hallo Suse & Jürgen,

also ich könnte noch eine ganze Zeit bleiben, aber das Geld geht doch aus und ich freue mich auch, Verwandte und gute Freunde wie euch, wiederzusehen. Absoluter Einsiedler will ich gar nicht sein, sonst hätte ich mich nicht mitten in Keno City ausgebreitet. Mit dem Besuch, das kriegen wir schon hin. Erinnert euch dran, schon zwei Jahre nachdem ich in Wuppertal wohnte, starteten wir die erste Riesen-Motorradtour.

Bis denne
Berti

Yukon-Rundmail 13.1

Huhu,

und wieder bin ich in Whitehorse, weil wie immer nichts klappt. Der Typ, der mein Haus transportieren wollte, ist nicht mehr zu erreichen und Auto Nr. 3 geht auch langsam hinüber. Irgendwie scheint sich die Halbwertzeit doch sehr schnell zu verringern. Na ja, immerhin hatte ich zwei Miniabenteuer.

Es hatte vorgestern ganz doll geschneit. Also das richtige Wetter, um mein Allradvehikel mal so richtig zu testen. Gegenüber von Bobos Bäckerei war jede Menge Wald, die Schienen der White Pass und Yukon Railway und deren Serviceweg. Da die Bahn aber nicht mehr fährt, wird die Straße auch nicht mehr gewartet. Und dann so zehn Zentimeter Schnee drauf.

Alles ging ganz gut, bis ich einmal links abbog, wo ich eigentlich rechts hätte abbiegen müssen. Ich kam nicht mehr zurück auf den Weg, links waren die Schienen, rechts ging es etwas zu steil bergauf und rückwärts fahrend war nicht zu machen. Nach rund zehn Minuten ausprobieren kam mir die Idee. Fullspeed vorwärts fahrend jumpte ich über die Schienen, drehte, jumpte noch mal rüber und mit gut Gas auf den Weg. Beim Schienenhüpfen flogen alle möglichen Gegenstände durch den Wagen.

Das überlebt ging es weiter. Im Schnee war eine frische Grizzlyspur – Bärin mit einem Jungen – zu erkennen. Fand sie aber nicht. War vielleicht auch besser so. Zwischendurch mal ausgestiegen, rumgewandert, ganz tollen Fluss und eine Uralt-Trapperhütte entdeckt. Mit dem Auto weiterfahrend, war der Weg plötzlich einfach zu Ende. Zurück und eine der vielen Stichstraßen genommen. Es ging rauf und runter, echt klasse. Dann, einen kleinen Hügel herunterfahrend, sah ich, dass die Straße in einem See endete.

Ein kräftiger Tritt auf die Bremse und es passierte... nichts! Bremse hinüber. Kam vielleicht vom Schienenhüpfen. In dieser Situation war es jedenfalls sehr unangenehm. Oder sogar sehr, sehr unangenehm. Ich war nicht mehr besonders schnell, aber ich näherte mich dem See doch bedrohlich. Als Alternative fiel mir nur ein, den Wagen mit einem Baum zu stoppen. Also machte es mal wieder "rumms", sämtliche Gegenstände purzelten durch die Gegend, aber der Wagen stand. Verluste: Blinker rechts, Lampe rechts, Außenspiegel rechts und Stoßstange rechts etwas verzogen. Gewinne: die Motorhaube schließt seitdem wieder richtig.

Ich saß mal wieder im Dreck, jetzt mit Schnee gemixt und kam nicht mehr raus. Da fielen mir meine Schneeketten ein. Nach rund einer halber Stunde war klar, dass sie wunderschön sind, aber nicht auf meine Reifen passen. Provisorisch befestigt und aus dem Loch raus. Die nun folgende Fahrt war sehr interessant: Ich musste so schnell fahren, dass ich mich nicht mehr festfahren konnte und so langsam, dass ich den Wagen notfalls durch schnelles Schalten in den ersten Gang stoppen konnte. Und das Ganze in einem tief verschneiten Wald. Teilweise stoppte ich auf Hügeln, um das folgende Terrain zu sondieren.

Auto Nummer 4?

Irgendwann kam ich etwa fünf Kilometer oberhalb der Bäckerei und meines Häuschens auf die Hauptstraße, die ich dann langsam hinunter fuhr. Kurz vor der Bäckerei liegt eine bereits geschlossene Tankstelle. Im Vorbeifahren guckte ich dorthin und sah, dass die auch ein Pony haben. Witzigerweise trug das auch ein grünes Halfter (oder wie das Ding heißt, das den Viechern im Gesicht rumhängt). Nach dem Einbiegen auf „unser" Grundstück stelle ich fest, dass es sich um „unser" psychopathisches Pony „Dan" handeln musste. Josh gerufen, mit ihm hingefahren und im Trab sind die beiden zurück gelaufen. Abends waren wir bei Karon, die mittlerweile drei Gäste hatte. Sie betreibt am Spirit Lake ein kleines Bed & Breakfest. War ein lustiger Abend.

Yukon-Rundmail 13.2

Am nächsten Tag waren abermals ausgiebige Testfahrten angesagt. Natürlich mit neuer Bremsflüssigkeit. Und so langsam ging es bzw. bremste es. Nun ich kam wieder zum Grundstück
zurück und sah Dan erneut unangeleint durch die Gegend hüpfen. Josh hatte die Kette zwar
wieder befestigt, aber es hielt wohl nicht. Same procedure as yesterday. Er war nur rund sechs
Meter von der Kette entfernt, aber die beiden blöden bellenden Köter verhinderten, dass wir
ihn dorthin führen konnten. Mit viel Geduld, wedeln mit Futter und beruhigendes auf ihn ein-
sprechen – „Los du blödes Vieh, komm her" – lockten wir ihn um das Haus herum. Wir hatten
ihn bis auf 50 Zentimeter der Kette genähert, als er ausrastete und in vollem Galopp zur Tankstelle rannte.

Josh und ich hinterher. Leider hatte Dan sich mittlerweile gut vollgefuttert, so dass der Futter-
trick nicht mehr funktionierte. Durch sanftes Ziehen an diesen Gesichtsriemen versuchten wir
ihn zurückzubeordern. Aber so ein Pony ist doch verdammt stark. Dann versuchte ich ihn zu
erschrecken, so dass er zum Grundstück zurücklief. Er galoppierte auch weg, leider in die falsche Richtung genau auf mich zu. Hupps. Ich rettete mich hinter einen Baum und holte mein
Auto, um ihn wenigstens von der Straße abzudrängen. Mit Hupen allein klappt es nicht, lediglich leichter Druck half.

Schließlich holte ich meine dicke Abschleppeisenkette aus dem Auto, befestigte sie an diesem
Halfterding und mit gemeinsamen Kräften zogen wir Dan zurück, der auf einmal willig folgte.
Zurück an der Kette, holte ich etwas Seil und band Dan mit drölfzigtausend Hausfrauenknoten
fest. Der Adrenalinspiegel von Josh sank wieder, schließlich hatte Bobo ihm versprochen, dass
er ihm alle Knochen brechen würde, wenn irgend etwas passierte. So verschwand denn auch
der Schweiß von seiner Stirn, aber ich hatte noch Wochen später Spaß daran, mir vorzustellen,
wie Bobo hinter Josh herläuft. Soviel zu den Mini-Abenteuern.

Jetzt ist also erneut der organisatorische Kram dran. Ich muss für mein Haus sogar diverse
Bildchen malen, wo es auf dem Grundstück und wie es auf den Balken stehen soll. Die werden
sich noch über meine künstlerischen Qualitäten wundern. Nun, zumindest fand ich mittlerweile
ein Unternehmen, das mein Häuschen wahrscheinlich zu einem akzeptablen Preis bewegen
will. Mal schauen, was dieses Mal danebengeht.

Berti (Pony-Hunter)

>Hallo Berti,
Hallo Sandra,

>ich durste schon nach deinen nächsten Mails! Was ist los? Bist du etwa schreibfaul geworden? Oder lastet dich das Ponyeinfangen schon vollkommen aus? Aber immerhin entwickelst du dich ja langsam zum Tierliebhaber. Respekt, Respekt! So, ich will endlich mal wieder was hören. Hier passiert nämlich nicht viel – genauer gesagt rein gar nix. Da zählen deine Erzählungen schon zu den absoluten Highlights des Tages (außerdem sind wir anschließend stundenlang mit der Analyse beschäftigt, gell Hildegard?). Aber trotzdem muss ich zugeben, dass mir die lausigen 10° hier in Old Germany schon reichen und ich jetzt nicht unbedingt mit dir tauschen möchte.
Hier ist voll der Frühling. War gestern bei 12 Grad (+) mit T-Shirt und kurzer Hose joggen.

>Auch habe ich meinen neuen Wagen schon schätzen gelernt. An Bäumen zu bremsen, nö, das ist nicht so mein Ding. Jung' mach dich nicht unglücklich. Nimm lieber das Pony! Warte derweil auf neue Mails. Also, Zackzack! (Tschabuk, tschabuk würden die Türken sagen).
Manjana (Morgen) würde ich sagen.

>Viele Grüße,
Sandra
CU
Berti

Yukon-Rundmail 14

Tagchen Leute,

bei mir passiert momentan einfach nichts, außer Papierkram: Eine Genehmigung zum Abbauen des Hauses, eine zum Bewegen, eine zum Aufstellen, eine für den septic tank (muss doch mal euere Englischkenntnisse überprüfen), eine für die Elektrizität, Zeichnungen von Oben, Unten, Mitte, Seite, Lagerung der Holzböcke, Namen der Holzböcke, wann in welchem Wald von wem geschlagen, Geburtstag des Neffen der Tante des Schwagers des Holzfällers und, und, und.

Hier ist voll der Frühling. War gestern bei 12° (+) mit T-Shirt und kurzer Hose joggen. Ach ja, gestern ist auch meine Kreditkarte vom Apparat eingezogen worden. Meine Mutter muss mir jetzt meine neue zuschicken und mein Bruder die Geheimzahl rübermailen. Toll, diese große deutsche 24-Stunden-Bank. Bronco – jetzt hat er doch einen Namen bekommen; aber wir haben uns mittlerweile zusammengerauft und sind gute Freunde geworden. Allerdings ist zwischen uns nichts, was 1.500 Dollar nicht ändern könnten. Die Karre säuft wie ein Loch, aber, dachte ich mir, das tue ich ja auch (manchmal) und beschloss, es zu tolerieren. Bei Dauertempo 90 auf dem Highway mit zwei angetriebenen Rädern braucht er rund 20 Liter auf 100 Kilometer. Bei eingeschaltetem Allradantrieb wird es huijuijui. Dagegen war Pia ein richtiges Sparmobil. Dafür kommen Bronco und ich aber auch überall durch, na ja, fast. Auf jeden Fall hatte ich ihn getestet und für weiterhin fahrfähig befunden. Er weist jetzt halt die typischen, bertischen Schädigungen auf. Er wird gleich gewartet und ich werde weiter auf ihm durch die Gegend reiten.

Gerade las ich, dass jetzt die Porcupine Karibu Herde migriert (d.h., die 160.000 Viecher latschen von Sommer- in Wintergründe). Ich werde also mit dem Auto noch mal zum Dempster fahren, um sie zu beobachten und zu fotografieren. Und in der zweiten Novemberwoche ist Lachsrun – also die Fischköppe ziehen zum Laichen die Flüsse hoch – in Haines/Alaska, wo sich dann einige 1000 (im Ernst!) Weißkopfseeadler herumtreiben.

So, dass muss jetzt aber erst einmal für einige Zeit reichen
Bürokraten-Berti

Hallo Berti,

wie läuft es mit deiner Hausplanung. Hast du schon alles über die wahrscheinlich größte Verwandtschaft der Welt herausbekommen? Oder sind einige deiner Holzbalken etwa arme Waisen? Nein, Scherz bei Seite, ich kann mir schon vorstellen, wie frustrierend es sein muss, ein Haus sowie ein Grundstück zu besitzen, aber nicht zu wissen, wie man beides vereinen soll! Hört sich fast nach den zwei Königskindern an, die schließlich beide abgesoffen sind. Kann dir jedenfalls nicht passieren, denn Holz schwimmt ja bekanntlich oben.

Wie sieht dein Yukonleben ansonsten aus? Hast du noch ein paar interessante Touren geplant? Schade, dass die Amis „Grey Owl" so schlecht verfilmt haben. Aber für den Fall, dass er mal irgendwann in Deutschland gezeigt werden sollte, werde ich ihn mir natürlich trotzdem ansehen. Nur um zu sehen, was für Fehler ich niemals machen werde, falls ich doch noch mal an eine Kamera und in die Verlegenheit einen Film zu drehen komme.

Bis bald
Silke

Yukon-Rundmail 15.1

Hallihallo,

erstens kommt es anders, zweitens als man denkt. Ich habe alle Genehmigungen und mein Haus hat sich bewegt, aber nur bis Whitehorse. Zu dritt schufteten wir den ganzen Tag, um die Bude auf den Truck zu setzen. Zwischendurch sprang sie mal vom Hausheber – kanadisches Gegenstück zum Wagenheber – aber wir haben das wieder hingebogen. Nach zwei Tagen Ausreißen von Brettern, Leitungen, Rohren, Elektrizitätsteilen und was weiß ich nicht alles und der heutigen Schufterei, tut mir jeder Muskel weh. So leistete ich mir denn mal ein Zimmer in Whitehorse und duschte stundenlang. Dabei sind die Temperaturen hier noch relativ zivil: tagsüber –5°, nachts –10°. Normal sind um diese Jahreszeit –20°. Das erinnert mich wieder an meinen Dempstertrip.

Ich flitzte mit meinem Bronco den Klondike Highway hoch. Bis Carmacks war Sommer, dann wurde es Herbst und bei Pelly Crossing Winter mit jeder Menge Schnee und richtig glatt, aber ich hatte mittlerweile die Sache mit dem Allradantrieb im Griff und auch an die Bremse hatte ich mich gewöhnt. Nun, sie zieht kräftig nach links und versagt manchmal, aber ich führe aufgrund meiner Erfahrungen jede Menge Bremsflüssigkeit mit.

Gegen abend kam ich an der Kreuzung des Dempsters an, aber die Tanke hatte schon zu. Also netten Platz gesucht, Wagen abgestellt und bettfertig gemacht. An diesem Abend erreichte ich Schlafstufe 3. Das heißt Schlafsack, Fleece-Inlet, T-Shirt, Boxer-Shorts, Fleece-Hose, -Pulli und -Füsslinge. Bei einem kurzen nächtlichen Ausflug – etwa 1,50 m – bemerkte ich eine recht eisige Kühle. Der Morgen war barbarisch: Wagen gestartet, in Windeseile umgezogen, getankt und im Restaurant an der Tankstelle kanadisch gefrühstückt: Rühreier, Toast, Bacon usw. Wer mich kennt, weiß, dass ich es morgens lieber soft und süß mag, aber an dem Tag hätte man mir alles, was einigermaßen warm ist unterjubeln können, vielleicht sogar Kaffee. Nach zehn Minuten waren auch die kleinen Eisklötze Größe 41 am Ende meiner Beine aufgetaut. „Nur –15°", sagte man mir an der Tanke.

Warum ich nicht mein mitgebrachtes Essen zu mir nahm? Nun ich hatte im Auto einen vier Liter Milcheisklotz, steinhart gefrorene Bananen und Joghurts, einen rund 750 Gramm-Block Boris Becker-Brotaufstrich und, und, und. Selbst mein Bier und die Sprite waren gefroren. Dabei hatte ich alles in Zeitungspapier eingewickelt. Ich entwickelte relativ schnell eine Lösung, die in den nächsten Tagen zur Routine werden sollte: Aufwachen, Umziehen, Auto starten, Losfahren, Heizung an, Milich davor, Butter davor, Nutella davor, Joghurt davor und natürlich mich davor. Nach rund 50 Kilometern waren wir alle bereit, die uns zugedachten Aufgaben wahrzunehmen.

Kurz darauf erreichte ich den Tombstone Mountain Campingplatz. Merkwürdig, da standen gar keine Zelte. Um es genau zu sagen, es war niemand da. Ich schaute mir die ganze Geschichte an: Überdachter Shelter mit Ofen, Feuerholz und geöffnete Toilettenhäuschen brachten mich dazu, hier eine Nächtigung auf dem Rückweg einzuplanen. Außerdem konnte ich verifizieren,

dass die Nutzungsdauer nicht geheizter Plumpsklos mit sinkender Temperatur signifikant ab-
nimmt.

Yukon-Rundmail 15.2

Bei Kilometer 80 sah ich sie endlich: Wild in der Gegend rummigrierende Karibus. Das bedeutet, die Jungs und Mädels mit den Geweihen – die einzigen Rehviecher bei denen beiderlei
Geschlecht Hörner aufgesetzt bekommt – latschten in ihre Winterquartiere. Rund 150 Meter
waren die Tierchen von mir entfernt. Kaum hatte ich jedoch gestoppt, saß mir auch schon ein
Ranger im Nacken. Um die Leittiere nicht zu verstören, war ein einwöchiges Jagdverbot am
Dempster ausgesprochen worden. Warum die so eine Angst um ihre Karibus haben, verstehe
ich allerdings nicht. Allein diese Porcupine-Karibu-Herde besteht aus 160.000 Viechern. Hört
sich nicht gerade nach einer aussterbenden Art an. Der Ranger überzeugte sich schnell von
meiner Harmlosigkeit – gegenüber Karibus – und gab mir einige Tips, wo ich noch welche
finden könnte.

In dieser großen, flachen Gegend sah ich noch zahlreiche aus 30 bis 100 Tieren bestehende
Teilherden. Es war düster, windig – dadurch noch wesentlich kälter als das Thermometer anzeigte, der sogenannte Windchill-Faktor –, die Flüsse größtenteils zugefroren und schneite wie
Sau. Und der nächste Anblick schockte mich geradezu. Kopulierende Karibus. Also ich dachte
bei dem Wetter ja an einiges, aber Outdoor-Sex wäre mir wahrscheinlich als letztes eingefallen. Bei der Kälte, also ich meine rein technisch... ihr wisst schon was ich meine. Nun denn,
mein Respekt vor den Karibus stieg ins Unendliche.

Kopulierende Karibus – und das bei klirrender Kälte!

Landschaft natürlich – wie gehabt – schlunderwöhn. Schneebedeckte Berge, wohin das Auge schaute. Rund 230 Kilometer weiter gab es erneut Karibus zu bestaunen. Die wanderten lustig auf der Straße, dem besten Weg über den North Fork Pass. Bronco und ich schienen sie nicht weiter zu stören. Erst wenn wir auf 40 Meter rankamen, wurden sie flüchtig (ich glaube, das ist sogar richtige Jägersprache). Wir jagten sie ein Stück die Straße hoch und ich beschoss sie aus dem fahrenden Auto mit der Kamera (waidmännisch nicht ganz so korrekt). Allerdings nur kurz, um den Viechern nicht zuviel Kraft zu rauben. Mehrere Male sah ich Herden von 30 bis 50 Tieren. Es gab aber auch Mini-Gruppen von fünf Tieren – ist wahrscheinlich billiger, wie bei der Bahn – und ein paar Einzelgänger.

Rund 50 Kilometer vor der Eagle Plains Lodge stieß ich auf deutsche Touristen, die mit ihrem VW-Bulli Synchro in einer Schneewehe festsaßen. In der Tat waren das die einzigen Menschen, bis auf den Ranger und den Räumdienst, die mit auf der Straße waren. Und das auf rund 400 Kilometer! Jetzt spielte Bronco seine ganze Kraft und sein Gewicht aus. Wir nahmen den Bulli an die Kette und schwuppdiwupp waren die draußen. In Eagle Plains gefuttert und heiß geduscht (dabei festgestellt, dass selbst mein Duschgel gefroren war) – eine Möglichkeit, die den meisten Karibus und auch den alten Goldgräber verwehrt ist bzw. wurde. Noch mehr Respekt. Doch auch ich fuhr heroisch weiter, fand etwa sieben Kilometer nördlich einen Schlafplatz und nächtigte wieder im Wagen – weiterhin Schlafstufe 3. Darüber hinaus verzichtete ich auf mein abendliches Bier, um dem nächtlichen Ausflug zu entgehen (mögliche Therapie für Alkis oder auch nicht, ich habe nämlich einen guten Schluck Whisky getrunken; gute Wirkung bei wenig Flüssigkeitszunahme). Morgens durfte ich die Scheiben von innen frei kratzen. „–20°“, war der lapidare Kommentar in der Lodge.

Hey Berti,

beim lesen deiner letzten beiden e-mails habe ich erst mal die Heizung aufgedreht. Aber erst mal vielen Dank für dein Geschenk zu meiner Geburtstagsfeier, Barbara hat mir deine Grüße übermittelt. Eigentlich hatte ich ja fest mit deinem Erscheinen gerechnet, ich hatte auch schon mal ein paar Doors-LP's rausgekramt aber du musst dich ja unbedingt mit wilden Tieren und unmenschlicher Kälte rumschlagen. Na ja, wir können ja mal einen Trinken gehen wenn du wieder hier bist, ich gebe dann einen auf meinen Geburtstag und du einen auf dein neues Haus aus.

Hast du eigentlich keine Angst, dass du irgendwann in deinem Bronco erfrieren könntest? Ich wünsche dir erst mal ein tolles Eagle-Festival und freue mich schon auf deine nächsten Mails.

Gruß von Fam. Sestig

PS. Auf deine Fotos von den Karibu-Herden bin ich echt gespannt, hast du eigentlich Dias oder Fotos gemacht?

Hallo Peter und Anhang,

gar kein Chauvi-Spruch dieses mal? Sind die Knochenbrüche nach dem letzten noch nicht wieder verheilt? Die Doors-Scheiben solltest du nicht nur rauskramen, sondern auch mal hören. Unmenschliche Kälte und wilde Tiere? Die Temperatur ist gerade richtig, um nicht zu sehr zu schwitzen und manchmal habe ich das Gefühl, dass ich wilder als die Tiere bin. Sollte es mich doch einfrieren, bitte verbrennen und in den Yukon werfen. Auf keinen Fall in 2.000 Jahren auftauen und untersuchen.

Du weißt doch, dass ich immer Dias mache: Jetzt nicht mit Motorrad, sondern mit Pia, Jim und Bronco. Z.B. Bronco vor Karibu, Bronco auf Karibu, Bronco hinter Karibu, Berti der Bronco tätschelt, Karibu von der Straße abkratzt und über kleinem Feuer garen lässt.

Bis bald
Berti

Yukon-Rundmail 15.3

Und wieder zurück zum Klondike Highway. Aber dieses Mal war das Wetter einfach genial. Tief verschneite Tannen säumten meinen Weg, Sicht auf Berge in drölfzig Kilometer Entfernung und ein knatschblauer Himmel. Naturliebhaber und Fotografenherz was willst du mehr? Ich musste wirklich alle 50 Meter anhalten, um Fotos zu schießen. Ich jagte an dem Tag vier Rollen a 36 Bilder durch. Aber es war einfach phantastisch. Die Berge mit immer anderem Bewuchs und dadurch immer neuen Mustern, verschneite Tannen, die wie Eisbären, Trolle oder 1.000.000 andere Formen aussahen. Ich muss gestehen, dass mir vor Begeisterung die Tränen kamen. Das ist einer der schönsten Anblicke, die ich je hatte. Dieser Tag wog den ganzen Ärger mit Knete, Grundstück, Haus, Autos, der Erde, dem Universum und dem ganzen Rest mehr als auf.

Ein „echter" Eisbär.

Was auch faszinierend aussah waren die Raben oben auf den Tannen. Der weiße Schnee, der blaue Himmel und die Raben als dicke, schwarze Kleckse mittendrin. Die ganze Anhalterei, das Losfahren und das erneute Stoppen wirkten sich allerdings sehr negativ auf den Tankinhalt aus. Zumal ich als erster den Highway befahrend Schneeräumdienst (in der Nacht waren rund 20 bis 30 Zentimeter gefallen und in Schneewehen war es noch höher) spielen durfte. Kein

Problem für Bronco. Ich sah tausende von Karibuspuren am Pass, nur die Verursacher fehlten. Also nach der morgendlichen Auftauaktion Wagen abgestellt, gespätstückt, gelesen und gewartet. Richtig, nach etwa 30 Minuten kam eine Minigruppe Karibus auf mich zugewandert. Gewartet, gewartet, gewartet, angezoomt, aus dem Auto gesprungen und drauf gehalten. Karibus springen von Straße in noch höheren Schnee, Berti hinterher. Klick, klick, klick, alles festgehalten. Dabei sah ich auch, dass der Bulle hinkte. Er ging trotzdem ein hohes Tempo, aber er wird den Winter wohl nicht überleben. Schade.

Ein ganzes Weilchen später kam ich wieder zu der Ebene, wo ich bereits auf dem Hinweg viele Karibus gesehen hatte. Phantastisch. Auf rund fünf Kilometern tummelten sich etwa 1.500 bis 2.000 Karibus. Anhalten, Fototime. Nicht weit von mir entfernt, zwei Gestalten, die das ganze filmten (die Karibus, nicht mich). Ich mal rübergeschlendert: Richtige Profis mit weißen Kutten im Schnee getarnt. Die hatten so viele Klamotten an, dass sie aussahen, wie dat Michelin-Männeken. Ich trug dagegen meine 15 Jahre alte, grüne Daunenjacke – mein Pullover sah wegen zahlreicher Löcher in der Jacke häufig aus, als hätte ich gerade ein Schneehuhn gerupft –, eine grüne Wanderhose und grüne Gummistiefel. Wir quatschten ein wenig. Die beiden drehten eine Dokumentation über die Porcupine-Karibus für den Discovery-Channel und hatten einen Mordsschiss, das ich ihnen die Karibus verjagen würde. Diese interessierten sich allerdings nicht sonderlich für mich.

Yukon-Rundmail 15.4

Ein Zwerglawinchen hatte die Straße mit rund 1,3 Meter Schnee zugeschüttet. Vor mir war jedoch schon jemand durchgefahren. Ich hielt also mittendrin, um ein Foto zu schießen. Nicht bedacht hatte ich jedoch, dass ich die Wagentüren nicht öffnen konnte, um auszusteigen. Außerdem saß ich mal wieder fest, konnte mich allerdings mit Bordmitteln befreien. Am Aussichtspunkt oberhalb des Tombstone Mountain Campingplatzes steckte ein Indianer mit seinem Pick-up im Schnee. Meine Schneeketten geschnappt, untergelegt, er Gas gegeben und schon war er zwei Meter weiter. Wiederholung und raus war er. Er fuhr los, ich packte meine Ketten ein und rollte ebenfalls den Berg runter. Um Sprit zu sparen – es würde selbst mit Reservekanister von 20 Litern recht knapp bis zur Tankstelle werden –, hatte ich den Allradantrieb ausgeschaltet. Das Stück Straße war aufgetaut und wieder zugefroren, reines Eis. Ich fuhr nur rund 40 Stundenkilometer, aber das Wagenheck wollte partout den Bug überholen – ich saß mal wieder in der Böschung. Mit der Zeit gewöhnt man sich an so etwas.

Bronco im Graben.

Rund eine Stunde werkelte ich mit Spaten, Schneeketten und Abschleppkette rum. War nix. Dann kamen die beiden Dokumentarfilmer und halfen mir. Zuerst mussten sie jedoch 100 Meter weiterfahren und ihren Trailer abhängen. Das ging hier auf der Gefällstrecke nicht, weil das Teil sofort wegrutschte. Wir versuchten mehrmals Bronco rauszuziehen, waren aber erst nach einer guten halben Stunde beim vierten Anlauf erfolgreich. Ich war total ausgekühlt, kroch fast in die Autoheizung und beschloss meinen Campingplan aufzugeben. Zumal die Jungs jetzt hinter mir her fahren wollten, da meine Benzinlage richtig kritisch zu werden drohte. Bronco hatte auf 400 Kilometern rund 135 Liter verbraucht! Außerdem hatte ich das wunderschöne Licht, das die Bergspitzen aufleuchten ließ, zum Foto schießen verpasst. Kurz darauf wurde es erst dunkel und dann wieder hell. Der Vollmond war aufgegangen und der Schnee reflektierte sein Licht. Ich fühlte mich ein wenig wie in Polanskis Film „Tanz der Vampire".

Bin dann kurz nach Dawson City gefahren, tafelte ausgiebigst und ging wieder im Westminster Hotel in den "Pitt". Geschickt wie ich bin, schrieb ich mir den Namen dieses Mal beim Eintritt auf. Die einzige Kneipe, die auch im Winter geöffnet ist und die ich im Sommer/Herbst schon mal ausgiebig beschrieben hatte. Jam-Night. Der Drummer volltrunken, der Bassist kurz davor und der Rest der Kneipe kurz dahinter. Nur die Gastsänger und ich – sollte als positive Würdigung in meine Vita aufgenommen werden – waren halbwegs nüchtern. War mal wieder recht lustig. Am nächsten Morgen Dawson City vom Midnight Dome, dem Hügelken oberhalb der Stadt, im Winter genossen. Schön. Der gute, alte Yukon führte schon jede Menge Eis mit sich, war aber noch nicht zugefroren.

Yukon-Rundmail 15.5

Also ab nach Keno City, um da nach dem Rechten zu schauen. Landschaft schön, aber sommerliche −2°. Bei einigen Hügeln über die ich fuhr, mit der geräumten Straße und dem tiefen Schnee links und rechts hatte ich manchmal das Gefühl, auf einer Sprungschanze für Skispringer zu sein. Bis Mayo und schließlich auf dem Highway Richtung Keno. Kreuzung Highway und Nebenstraße Duncan Creek Road (Geordie fährt sie selbst im Sommer nicht, da angeblich zu gefährlich). Erst 100 Meter hinter dem Straßenschild wurde es mir bewusst. „Nicht geräumte Straße für abenteuerlustige und etwas bescheuerte Allradfahrer, die sich nicht scheuen festzusitzen und 20 Kilometer durch Schnee und menschenleere Gegend zu laufen" stand darauf. Das ist natürlich die deutsche Übersetzung. Meine Übersetzung. Das kanadische Original war etwas kürzer. Es hieß: „Road closed". Bremsen, drehen und drüber.

Die ersten 20 Kilometer durch den etwa 15 Zentimeter hohen Schnee waren problemlos. Sie führten zu einem Minencamp und hier waren auch schon zwei oder drei andere Autos gefahren. Dann nichts mehr. Weiße Straße. Noch 17 Kilometer bis Keno City. Bloß nicht anhalten, dachte ich mir. Also sind wir über alles drübergebügelt, Bronco und ich. Nicht zu erkennende Schlaglöcher, dicke Äste, Abkürzungen – „oh, die Straße wäre eigentlich da gewesen" – und Steine vom Kaliber Findling. Häuser, Lichter, Keno – geschafft. Ich bin der König.

Ich erzählte Bob und Insa stolz von meiner Erstbefahrung und anderen Abenteuern und sollte aus irgendeinem für mich nicht nachvollziehbaren Grund den Spitznamen Chaos-Bert bekommen. Ich erfuhr noch einiges aus der witzigen Vergangenheit Kenos. Schließlich kam die Frage des Übernachtens auf. Wie üblich im Auto auf dem Keno Hill, dachte ich mir. „Absolut unbefahrbar, Schneeverwehungen von einem Meter und mehr", bekam ich zu hören. Na, das wollen wir doch mal sehen, ob der König und Bronco da nicht durchkommen. Es geht doch nichts über ein frisch aufgemotztes Selbstbewusstsein. Noch eben bei Geordie ein Bier getrunken – er ist von der Kneipe in sein Café umgezogen, weil das kleiner und damit einfacher zu heizen ist – und dann ging es bergauf.

Leider ist hier im Internet-Cafe jetzt Schicht, so dass ihr euch noch einige Tage gedulden müsst, um zu erfahren, was dabei so alles passiert ist. Kleiner Hinweis: Es war mal wieder ganz anders. Ich liebe es, Freitags abends zu schreiben und euch allen eine schöne, neue Arbeitswoche wünschen zu können, da viele es erst am Montagmoren an ihrem Arbeitsplatz lesen werden.

Karibu- und Bronco-Berti

Hallo Dörfler,

deine Mutter und eine deiner Schwestern haben schon Pläne, dich im nächsten Jahr zu besuchen. Ich lache mir gerade einen, weil ich mir dein Gesicht bei dieser Nachricht vorstelle. Nicht mal in der Wildnis Kanadas hat man Ruhe vor der Familie. Also mach' dich auf einiges gefasst.

Viele Grüße auch von Uti und Matthis
Norbert

Hallo ihr Twistedener Großstadtbewohner,

klar habe ich damit gerechnet, dass die ganze Familie irgendwann antanzen wird. Bloß nicht zusammen. Vielleicht will der ein oder andere ja doch zu Hause bleiben, wenn ich die Bilder vom stillen Örtchen und den Übernachtungsmöglichkeiten, den Mücken und Bären sowie den Straßen zeige. Ich hab' mir sogar schon überlegt was ihr bezahlen müsst: Zehn-Liter-Fass Krombacher pro Erwachsener (fünf Liter pro Kind), eine unangebrochene Flasche meines Whiskies, zehn Kilo meiner Klamotten, jeweils eine Tüte Salzheringe und Gummibärchen.

Bis in zehn Tagen oder so
Berti

Yukon-Rundmail 16.1

Halleluja,

mein Haus steht auf meinem Grundstück. Es ist vollbracht, endlich!

Aber wir waren ja woanders in der Story stehengeblieben. Es war dunkel, schneite und ich
düste mal wieder den Keno Hill hoch. Rund 20 Zentimeter Schnee auf der Straße, aber Bronco
und ich meisterten sie souverän. Plötzlich sah ich sie vor mir, eine rund 70 Zentimeter hohe
Schneewehe. Vollgas und durch, dachte ich mir. „Vollgas" ging okay, „und durch" war nicht.
Tja, so hatte ich es mir auch vorgestellt, so weit wie möglich zu kommen und dort übernachten.
Nur noch eben den Wagen ein paar Meter rückwärts fahren, damit ich am nächsten Morgen gut
rauskommen würde. Bei dichtem Schneetreiben und Nacht ist jedoch die Straße nicht so gut zu
erkennen. Kurz und bündig: Der König landete wieder im Straßengraben.

Wie gehabt, Problem von morgen. Erst machte ich es mir mal gemütlich und bettete mich zur
Ruhe. Der Wagen stand jedoch in starker Hanglage und die Schlafposition war geringfügig
unbequem. Immerhin konnte ich wieder auf Schlafphase 1 zurückfahren. Am nächsten Morgen
grub und schaufelte ich, verlegte Schneeketten und kam immer circa 40 Zentimeter weiter
heraus, bevor ich diese Prozedur wiederholte. Nach rund anderthalb Stunden glaubte ich mich
weit genug, setzte zurück und fuhr wieder in das gleiche Loch. So, jetzt reichte es, zurück ins
Dörfli und irgend jemanden um Hilfe bitten. Ich wollte gerade losmarschieren, da fiel mein
Blick auf mein Mountainbike – ich hatte zwischendurch in Whitehorse zwei für kleines Geld
bekommen – auf dem Dach des Wagens. Das müsste doch Spaß machen, dachte ich mir und
ich rief das erste Keno Hill Mountainbike Downhill Winter Race (KHMTBDHWR) aus.

Also aufs MTB und runtergesaust. Das war mit dem Schnee gar nicht so einfach. Ich versuchte
in der Spur meiner Autoreifen zu fahren, was nicht immer gelang. Außerdem kennt ihr ja meine Abneigung gegen jedwedes Bremsen. Teilweise ging es mit gutem Tempo herunter, teilweise musste ich das Rad schieben. Vier mal stieg ich über den Lenker ab und kugelte durch den
Schnee. Aber es hat irre viel Spaß gemacht. Nach rund 45 Minuten ging ich – mangels Konkur-
renz – als erster Sieger in der Geschichte des KHMTBDHWR in Keno City durchs Ziel.

Mal eben bei Insa und Bob nachgefragt, wer mich wohl rausziehen könnte. Ich fuhr über die
stark vereiste Hauptstraße und wurde von einem Wagen überrascht. Ich zeigte mich jedoch von
meiner besten Seite und fiel voll auf die – entschuldigt die rüde Ausdrucksweise, aber das trifft
es am besten – Fresse. Einige der blauen Flecken ließen es sich nicht nehmen, mich über längere Zeit zu begleiten.

Nun, der andere Bob – er bietet Reittouren an – hatte einen Allradwagen und Zeit. Hoch – ich
hatte rund sieben Kilometer geschafft, was alle überraschte – und mit viel Mühe die Karre
rausgezogen. Dabei hatten sich auch die untergelegten Schneeketten verpisst, auf deren Auftauchen im Frühjahr ich jetzt spekulieren muss (habe auf einem Zettel in der Community Hall
ein Sixpack Canadian für den Finder ausgelobt). Rückwärts fuhren wir den Berge herunter,

weil die Straße zum Wenden zu eng war. Durch die ganze Geschichte mit Buddeln, MTB fahren, rausziehen hatte ich eine Menge Flüssigkeit verloren, mir wurde etwas schummrig vor den Augen und schon steckte ich wieder im Graben (hört sich doch besser an, als „ich war so dämlich und rutschte wieder in den Graben"). Diesmal tiefer. Mit roher Gewalt – Bob drehte schließlich doch, nahm Anlauf, es gab einen Ruck währenddessen ich im Rückwärtsgang Vollgas gab – schafften wir es. Beim weiteren Rückweg, blieb ich weit hinter Bob, weil meine Bremsen mal wieder versagten. In KC brachte ich das mit der jetzt immer mitgeführten Dose Bremsflüssigkeit in Ordnung.

Yukon-Rundmail 16.2

Der Rest ist schnell erzählt. Nach Whitehorse, alle Genehmigungen für Haustransport und Wiederaufbau bekommen, Housemover gefunden, in zwei Tagen alle störenden Hausteile in Carcross entfernt, Hütte auf Trailer und ab nach Keno. Ist schon ein komisches Gefühl, so 500 Kilometer hinter dem eigenen Wohnzimmer herzufahren. Aber das kennt ihr ja sicher alle aus eigener Erfahrung. Ich winkte des öfteren, doch es winkte keiner aus der Hütte zurück. Ich war wohl gerade nicht da. Klappte aber alles gut und jetzt steht meine Hütte in Keno City.

Umzug auf kanadisch – mit Haus.

Beim Aufbau – unter Beobachtung eines Rotfuchses, also er uns – war es natürlich schweine-kalt und auch die Nacht verwöhnte mich mit angenehmen –15°. Später verlegte ich eine Elekt-roleitung zu meinem Nachbarn, so dass ich mein kleines Elektroöfchen und meine Leselampe betreiben konnte. Bis zum 9. November will ich jetzt noch hier bleiben und dann geht's mit Josh, Karon und Lyn zum Eagle-Festival nach Haines. Ach ja, Josh hat mich in sein Buch aufgenommen (von wegen Pony-Jagd und so; und ich übersetzte ihm amerikanische Sprüche ins Deutsche). Allerdings nicht unter meinem richtigen Namen. Wir einigten uns auf Hartmut Wigbert Rademacher. Ich erklärte ihm, dass ich so vielleicht auch drei Bücher in Deutschland verkaufen könnte.

Die Tage werde ich mal das Snowmobil fahren ausprobieren, langsam zu einem regelmäßigen Lauftraining finden, die Gegend erkunden, mein Haus verschönern und, und, und. Da ich zum E-milen immer ins 60 Kilometer entfernte Mayo fahren muss, wird es dass wohl für eine Weile sein.

KHMTBDHWR- und Haus-Berti

Hi Haus-Berti,

na dann willkommen im Klub der Besitzenden. Schimpfte sich so 'was nicht vor kurzem noch Kapitalist? Naja - erst 'mal herzlichen Glückwunsch. Was heißt überhaupt hinter dem Wohnzimmer herfahren? Du hast doch eher im Stil deiner westlichen Nachbarn (Holland Anm. d. Red.) immer dein Wohnmobil mitgeführt. Ob sie nun Pia oder Bronco heißen, ist doch wohl ejaaal.

So, da wir mittlerweile Anfang November haben, wird die bertilose Zeit in good, old Germany bald beendet sein. Bin schon gespannt auf den Kanadier. Eine Frage, die mir seit einiger Zeit schon im Kopf herumschwirrt, ist die der Finanzierung deiner zukünftigen Kanada-Aufenthalte.

So by-by und see ya!
Schnupfen-Markuhatschui

Yukon-Rundmail 17

Jippiee,

so langsam nähern sich die Temperaturen meinen Erwartungen. Ich bin zur Zeit in Keno City, gucke mir die Gegend und meine neuen Nachbarn etwas an, lese und genieße das Leben.

Die Nordlichter sind leider immer nur noch weiß, ich hoffe aber, noch mal ein grünes oder rotes vor die Linse zu bekommen. Nicht, dass es nachts hier nur einen Schwarz-Weiß-Himmel gibt. In einer Nacht öffnete ich sogar die Außentür meines Schlafzimmers, um aus dem Schlafsack nach oben zu gucken. Sternenmässig bin ich jedoch nicht so auf dem Laufenden, wenn man vom Krieg der Sterne absieht. Aber hier sieht man viel mehr Sterne am Himmel als in Deutschland. Dazu ganze Rudel von Sternschnuppen. Nach einer Weile schloss ich die Tür, der Grund fällt mir momentan nicht mehr ein.

Letzte Nacht war es in meinem Schlafzimmer um die 0°, der Rest des Häuschens hatte −15°. GsD hatte ich noch Kakao und etwas von dem 70-prozentigen Rum aus Barbados. Heute morgen dann blauer Himmel und Sonnenschein (das hat jetzt aber nichts mit dem Rum zu tun). Zumindest konnte man erkennen, dass sich die Sonne einige Mühe gab, um über den Hausberg zu kommen. Also die richtige Zeit zum joggen.

Na ja, die ganze Zeit in einem auf Rädern montierten, geschlossenen und motorisierten Käfig, der vor Witterungseinflüssen schützt – wichtigster Witterungseinfluss ist Wasser von oben, sogenannter Regen – (frei nach Zitatsammlung Klaus-Peter Berg von Willi Löhr aus Hachen, 1989 bis 1992), hatte mich wohl ein wenig verweichlicht, denn ich zog eine lange Hose, Pullover, Handschuhe und ein Stirnband an (normalerweise mache ich mir einen Spaß daraus, auch im tiefsten, deutschen – wichtige Einschränkung – Winter nur mit kurzer Hose und T-Shirt zu laufen).

Das Joggen war klasse (hey Barbara, Didi und Andre, ich habe ein paar mörderische Strecken zusammengestellt). Die klirrende Kälte hatte die Landschaft fest im Griff, bis auf die Raben war kein Tier zu sehen oder zu hören. Vor mir breitete sich das riesige Tal des McQuesten aus und ich konnte meilenweit in der Gegend herumgucken. Meine Schritte waren noch weit zu hören: „Quiertz, quiertz, quiertz" (das ist das niederrheinische Dehnungs-„e"), wenn ich über den Schnee und ein höheres „Quirtz, quirtz, quirtz", wenn ich über die geräumte Straße lief. Mir fehlen die Worte, um dieses Erlebnis in seiner ganzen Größe zu schildern. Außerdem liebe ich es einfach, wenn mir der Rotz in der Nase, das Stirnband, die wenigen auf dem ersten Drittel des Kopfes verbliebenen Haare und der Pullover gefrieren. Ich sah aus, wie ein Schneehuhn in der Mauser.

Die Flatterer haben es mir ja eh angetan. Sie vertrauen ihrer Tarnung immer noch bis zum letzten Moment und fliegen erst los, wenn ich auf Platttretnähe herangekommen war. Sie sind jetzt schneeweiß und deshalb auch nur zu erkennen, wenn sie sich bewegen. Sie fliegen dann los und nur an ihren Schwanzfedern sind rechts und links zwei schwarze, etwa fünf Zentimeter große, Dreiecke auszumachen. Witzig, nicht. Das Leben spielt sich jetzt überall auf dem Highway ab. Nach den ganzen Spuren müssen sich hier Viecher ohne Ende tummeln.

Die Pizzeria von Keno City ist im Winter – leider – geschlossen.

Auf der Herfahrt nach Mayo musste ich bremsen, weil auf der Straße etwas wieselartiges einen Schneeschuhhasen jagte. Wiesel nach rechts, Hase nach links und ich hatte meinen Beitrag zu einem etwas friedlicheren Leben im Yukon getan. Allein, es fehlt ein wenig an Schnee, um zu behaupten, die ganze Landschaft wäre tief verschneit. Ich muss wohl mal eine Runde mit Rapunzel snacken, oder wie heißt die Alte, die für den Schnee zuständig ist? Nach 45 Minuten wieder zum Dörfli zurückkommend, hatte die Sonne ihr Tagesziel mittlerweile erreicht und Keno sah einfach toll aus. Der Rauch aus den Kaminen wurde von der Sonne beschienen und ich konnte, das brennende Holz sogar riechen: „Palmolive – der Duft von Freiheit und Abenteuer".

Ich musste jetzt sogar innerhalb meines Häuschens zu Auftauaktionen greifen, um gemütlich zu frühstücken. Darüber hinaus bin ich nicht nur zum Warm-, sondern regelrecht zum Heißduscher – ich nutze die Sanitärangebote des Keno Community Clubs – geworden. Asche in mein Glas und Bier auf mein Haupt (am besten in den geöffneten Mund). Etwas später erfuhr ich, dass es –30° gewesen seien, was meine Weicheiigkeit vielleicht etwas entschuldigen kann.

Mitten in Keno City steht eine Sanitärkeramik – Überbleibsel eines Umzugs mit Trailer, der nicht gelang.

Nun, ich werde das Leben noch etwas weiter genießen, während ihr für euer noch größeres Auto, euer/e noch schönere/s, neue/s Eigentumswohnung/Haus, euere noch trendigeren, neuen Klamotten, eueren noch exklusiveren Urlaub usw. schuften dürft.

Viel Spaß
Eis-Berti

Hi Berti,

mit deiner letzten Email hast du mich auf eine Idee gebracht. Prompt bin ich am Samstag zu Atelco gefahren und habe zu geschlagen. Einen neuen PC mit CD-ROM, Modem, Scanner, Brenner, Farbdrucker, Monitor usw. und eine Digitalkamera gekauft. So einfach geht das. Man muss mich nur auf dumme Ideen bringen.

Leider habe ich momentan wenig Zeit um dir ausführlichere Infos zu schreiben (wg. Job), allerdings ist auch nichts Weltbewegendes passiert und du bist ja bald wieder zu Hause (?). Lass es dir so gut wie möglich geh'n. Bis bald.

Gruß von
„Der Preis ist heiß"-Didi
und von Barbara und Max

Yukon-Rundmail 18.1

Ave moritari salunt (oder so ähnlich; wenn ihr es nicht versteht, guckt im Asterix nach),

schmerzenden Herzens habe ich mich von meinem Häuschen verabschiedet, 'ne Menge Ausrüstung für nächstes Jahr dagelassen, alles aufgeräumt und verriegelt.

Mit dem Snowmobil zum Mount Hinton.

Aber vorher war ich noch Snowmobil fahren, mit Insa und Bob. Einmalig, sage ich euch. So ein Ding muss ich nächstes Jahr auch haben (vielleicht sollte ich ein Spendenkonto für mich einrichten?). Bei blauem Himmel und Sonnenschein sind wir zuerst den Hausberg hoch. Bob war mit seinem Ski-Doo der Trailbrecher, ich dahinter und Insa am Schluss, damit ich nicht verloren gehe. Der Lenker ähnelt dem eines Motorrades, nur das man an der rechten Seite einen kleinen Hebel mit dem Daumen betätigt, um Gas zu geben. Gesteuert wird jedoch hauptsächlich mit Gewichtsverlagerung und man sitzt nicht auf dem Ding, sondern kniet, eben um das Gewicht besser verlagern zu können. Ich bin denn auch nur einmal stecken geblieben. Wir sind meistens zwischen 15 und 20 Stundenkilometer gefahren, aber die Dinger sind noch wesentlich schneller. Zwischendurch bin ich mal bis auf 50 gekommen. Macht irre Spaß (hey Harti, das ist noch geiler, als auf einem Holzschlitten den Berg runterrodeln).

Von oben auf dem Berg hatten wir eine herrliche Aussicht auf Keno und das dahinter liegende Tal. Außerdem waren dort oben jede Menge Spuren zu sehen: Von Elchen, Wölfen, Vielfraßen, Schneehühnern usw. Live haben wir jedoch nur die letzten gesehen und als zweiter hatte ich keine Chance, eins platt zu fahren. Dann ging es einen richtigen Berg hoch. War etwas windig, aber die Aussicht war noch phantastischer. Ellenlang Flüsse, Bäche, Berge und Täler und nur ein paar alte Minenstraßen. Da habe ich demnächst ja einiges zu entdecken.

Keno City im Winter.

In meiner Bude hatte ich zwischenzeitlich Saunatemperaturen. Ich hatte einen Holzofen bekommen und musste natürlich direkt ein kleines Höllenfeuer starten. Nicht ganz so toll: Der Schornstein ist zwischendurch herunter gekommen und hat sich durch einen kleinen Teil der Plastikfolie gebrannt, mit der ich den Teppichboden vor Verschmutzung schützen wollte. Darüber hinaus habe ich jede Menge Asche durch die Gegend geschleudert. Kurz und gut, die Wohnung hat jetzt die typischen bertischen Male und ist somit offiziell als eine meiner Heimstätten anerkannt.

Gestern sah ich bei Bob und Insa ein Video über so ein kanadisches Minencamp, bei dem Bob mal gearbeitet hatte. Interessante Sache, wie die das aufzogen und was die da so trieben. Das war in der Bonnet Plume Region, also, da muss ich wohl auch mal hin gucken gehen, weil mal wieder schlunderwöhn war.

Yukon-Rundmail 18.2

Nun, heute bin ich dann gen Whitehorse aufgebrochen und knapp 400 Meter hinter dem Haus von Bob und Insa hatte ich ein Deja Vu-Erlebnis. Ihr werdet es kaum glauben, aber ich saß mal wieder im Graben. Erklärungsversuch: Auf der Straße lag Eis und war von ein wenig Schnee bedeckt. Ich wollte eine neue Kassette einlegen und schwuppdiwupp, haste nich gesehen, saßen Bronco und ich im Graben. Das Gelächter war natürlich groß, als ich mal wieder um Hilfe bitten musste. Bob hat mich mit dem Cat herausgezogen.

Es ging weiter und sieben Kilometer vor Elsa, versuchte mein Heck erneut meinen Bug zu überholen. Sehr blöd, dass es dabei auch noch erfolgreich war. Also wieder mit Bronco im Graben. Aber das war nur ein Quickie (ich weiß, dass du genau das lesen willst, Achim). Ich konnte mich mit Gas geben und ein bisschen am Lenker reißen befreien. Das wäre ja auch zu peinlich gewesen (Jumbo, gibt es eigentlich eine „In-den-Graben-fahr'-Versicherung" und wie teuer wäre die?).

Ich hatte mir schon überlegt, das Grundstück wieder zu verkaufen bzw. gegen die gesamten Straßengräben des Yukons zu tauschen. Sind ja nicht so viele und wahrscheinlich billig. Innerhalb eines Jahres könnte ich dann mit Leichtigkeit gezielt genug billige Autos plazieren, um immer und überall eine günstige Schlafgelegenheit zu haben. Nein, ganz im Ernst, bei der Analyse meiner Ausflüge in diverse Gräben stellte ich fest, dass ich immer nur dann in den Graben fuhr, wenn ich sehr langsam unterwegs war. Die Lösung meiner Probleme lautet daher: Ins Auto steigen, Motor an, Vollgas geben und erst wieder vom Gas gehen, wenn ich irgendwo anhalten will. So einfach ist das. Diese Analyse wurde notwendig, weil mir der alte Abzählreim „Fällt – in meinem Falle „Fährt" – er in den Graben, fressen ihn die Raben" wieder einfiel. Wenn ich mir hier die Raben mal genauer angucke, bekomme ich es mit der Angst zu tun. Mit etwas brauner und weißer Farbe sowie einer Feile für die Bearbeitung des Schnabels, würden die in Deutschland glatt als Adler durchgehen.

So, jetzt geht es weiter nach Whitehorse und Haines. Auf dem Rückweg kann ich dann eventuell im Kluane für wenig Geld eine kurze Hundeschlittentour machen. Hoffentlich sind die Viecher verlässlich und fahren nicht dauernd in irgendwelche Gräben.

Jetzt heißt es schon bis bald
Graben-Berti

Hallo Barbara,
>Hallo Berti,

Du alter Maulwurf. Da denkt man du gehst in Kanada nützlichen Tätigkeiten nach und dann fährst du einfach immer wieder in den Graben... Ich habe mir schon überlegt, ob ich nicht als Nebenjob in Keno einen Pannendienst eröffnen soll, zumindest in der Zeit in der du dich dort aufhältst hätte ich dann ja wohl genug zu tun.
Besser wäre es, du würdest direkt hinter mir herfahren.

>Genau, ich wollte ja sowieso noch etwas zu deinem Hauskauf sagen, habe aber erst mal gewartet, weil da wahrscheinlich eh jeder seinen Senf zu abgegeben hat. Ich finde, dass das ganze eine sehr gute Idee ist, auch mit dieser halbjährlichen Teilung „Kanada/Deutschland", denn ich hätte doch schon arge Entzugserscheinungen bekommen, wenn ich nicht mehr mit so tollen Berichten (auch wenn der Mann nur immer wieder in den Graben fährt...) versorgt worden wäre. Andererseits wäre es natürlich auch total schade wenn sich herausstellen würde, dass du uns gar nicht vermisst, du fehlst uns nämlich schon.
Das ist einer der Gründe, warum ich nicht ganz auswandern will. Ich möchte auch gerne eine Menge meiner Zeit mit den Menschen verbringen, die ich lieb gewonnen habe und auf die ich nicht verzichten möchte.

>Wenn du dir das jetzt nicht so schön ausgedacht hättest mit deinem Eigenheim hättest du halt einfach von Wuppertal aus irgendwelche erfundenen Abenteuer mailen müssen, wie gesagt, wegen der Entzugserscheinungen.
Ich mache es wie die Drogendealer: Die ersten sind kostenlos, aber dann...

>Das dir die Geschichten ausgehen ist ja wohl nicht zu befürchten wie auch deine letzte Mail (ich sag` nur „Schornstein") mal wieder gezeigt hat ...
Warte mal auf die nächste Autogeschichte, die ist so komisch, dass sie einfach nur mir passieren konnte.

>Hört sich ja richtig gemütlich an die Temperatur in deiner Hütte, dazu kann ich dir höchstens erzählen, dass ich vorhin beim St. Martins-Zug auch schon bei 5° (+ wohlgemerkt) gefroren habe, das sind bei dir dann ja wohl mittlerweile schon Saunatemperaturen.
Wahrscheinlich werde ich demnächst nackt joggen müssen.

>Wann kommst du denn jetzt eigentlich genau zurück? Hast du schon irgendwas geplant? Dann sieht es ja so aus, als ob du doch den Silvesterlauf in Pfalzdorf mitmachst und nicht in Neuseeland (Ha, ha , ha!).
Ich werde voraussichtlich Montag mit dem Bus nach Vancouver fahren und dann dort so ab Mittwoch/Donnerstag nach einem Stand-by-Flug Ausschau halten.

>Tja, von hier gibt es eigentlich nicht soviel zu berichten, was du mit deiner Aussage am Ende deiner letzten Mail bei Didi ausgelöst hast, hat er dir ja schon berichtet, Kaufrausch!!! Und was hab ich jetzt davon, du müsstest mich jetzt echt mal sehen. Ich sitze hier mit dem alten PC, Tastatur auf der (leeren) Verpackung des neuen Monitors, Knie fast an den Ohren, weil ich natürlich mit dem Bürostuhl auch nur noch ein paar Zentimeter vom Boden weg bin und krauter vor mich hin. Didi sitzt schön bequem vor seinem 19 Zoll-Monitor, führt irgendwelche Selbstgespräche und bringt mich ständig aus meinen Überlegungen ... Das hat man nun davon, wenn du gute Ratschläge gibst!
Ich habe nix von Computern geschrieben, oder?

>Apropos, da fällt mir ein, dass du vermutet hast die "Tippse" würde wieder streiken – weit gefehlt: ich habe 1. noch gar keinen neuen Auftrag bekommen dir zu schreiben und 2. werde ich das in Zukunft für MJP auch nicht mehr machen, weil er sich nämlich heute morgen bei Aldi (gibt´s das in Keno auch???) einen eigenen PC gekauft hat (für zuhause) und laut eigener Aussage auch mittlerweile schon weiß, was eine Festplatte ist, nämlich nicht nur die silberne Platte wo immer die leckeren Schnittchen draufliegen... Wenn er also tatsächlich den Computer in Gang bringt bevor du zurück bist könnte es tatsächlich sein, dass er dir sogar noch mal selber was rübermailt.
Oh Gott, Junk-Mail. Ich werde meine Adresse ändern müssen. Es gibt in Keno noch keinen Aldi, dafür einen Geordie.

>Da fällt mit gerade was ganz anderes ein: Hat man in Kanada auch etwas davon mitbekommen, dass in Deutschland der 10. Jahrestag der deutschen Einheit gefeiert wurde?
Siehe oben. Nee, nicht viel. Aber das ist auch das Schöne an diesen Urlauben, dass man von den ganzen Katastrophen (Wiedervereinigungsparty, Zugzusammenstöße, Flugzeugabstürze, Erdbeben usw.) an denen man doch nichts ändern kann und die einen nur runterziehen, so gut wie nichts mitbekommt.

>Bist du über das allgemeine Weltgeschehen im Bilde (ich meine jetzt nicht das „Kävels Bläche"!!!) oder bist du out of time?
Ich schaue ab und an auch bei rp-online.de rein, aber hauptsächlich für Sportergebnisse wie Bundesliga, EM-Quali und Formel 1 (Schummel-Schumi).

>Mehr fällt mir jetzt eigentlich nicht mehr ein, mir tut der Rücken auch schon weh wegen der bequemen Sitzhaltung (s.o.), aber wenn du immer extra 60 Kilometer fährst, um an uns schreiben zu können (Gab es auf der Strecke eigentlich auch einen Graben?) ist das ja wohl das mindeste was ich an Strapazen auf mich nehmen kann...
Das war genau die Grabenstrecke. Insofern habe ich sie auch schon problemlos befahren.

>Okay, mach`s gut, genieße das Schlittenrennen, ach nee, war ja eigentlich nur ein Ausflug, wenn du`s dann nicht wieder zu einem Rennen machst, und lauf mal für mich ein Ründchen auf deiner Hausstrecke mit, vielleicht kriegen wir sie ja auch mal zu sehen, wer weiß das schon?!

Ich hoffe ja doch schwer. Hunde und Schlitten sind ausgefallen. Weißt du warum? Der Hundeschlittenmeister musste sein Snowmobil aus dem Graben ziehen. In echt, ey. Also bin ich nicht alleine so blöd.

>Liebe Grüße,
Barbara und natürlich auch von Didi & Max
Vielen Dank für die E-Mail und Gruß an deine Männer
Berti

Yukon-Rundmail 19

Hallo Leute,

und hier ein kleines Gedicht für unsere Frühaufsteher, das mir eine nette und aufmerksame Leserin zugemailt hat:

The Bird

I woke up early in the morning,
The earth lay cool and still
When suddenly a tiny bird
Perched on my window sill.

He sang a song so lovely
So carefree and so gay,
That slowly all my troubles
Began to slip away.

He sang of far off places
Of laughter and of fun,
It seemed his very trilling,
Brought up the morning sun.

I stirred beneath the covers
Crept slowly out of bed,
Then gently lowered the window
And crushed his fucking head.

I'm not a morning person.

Bis bald
Berti

Hallo Berti,

es gibt auch ein Gedicht für Langschläfer. Zum Glück ist das in Deutsch – das kann meine Chefin dann auch verstehen... und das geht so:

Der Berti kommt im Schnee daher,
das wundert alle Bären sehr,
doch ist ein Graben mal in Sicht,
das stört den Berti nun mal nicht,
dann fährt er rein und ruft: oh je!
Fest sitzt er dann im tiefen Schnee,

In der Nacht wird's bitterkalt,
so ist's für Abenteurer halt,
die Milch gefriert auch schon mal ein
Bärenspray muss gar nicht sein,
Mäuse halten trotzdem Wacht,
Langschläfer sagt Gute Nacht.

Die Sonne geht am Himmel auf
Berti und Milch tauen wieder auf
und weiter geht's im Wanderschritt
zu Fuß zu Bob, der lacht dann mit,
zieht Berti-Bronco wieder raus
man fährt zurück ins neue Haus.

Bald ist der Berti wieder da,
- H u r r a !

Bis denne,
Hildegard

Yukon-Schluchzmail 1

Oh große Trauer,

ich verlasse den Yukon scharweinlich noch heute, per Bus oder mit dem Flugzeug. Schau'n mer mal. Oh wehe dir, du zweite Heimat. Gut, ich weiß, ich war lang genug weg und werde nächstes Jahr mit Sicherheit wiederkommen. Also schaue ich nach vorne und freue mich auf ein baldiges Wiedersehen mit euch allen.

Auf die Yukon-Rundmail zum Eagle-Festival in Haines müsst ihr wohl noch bis Vancouver warten. Falls ich dort lang genug bleibe, um ein Internet-Cafe aufzusuchen. Kurz: Es wahr sehr schön, es wert und es gibt auch wieder eine dieser witzigen Autogeschichten zu erzählen.

Bis sehr bald
Ex-Yukon-Berti (Schluchz)

Hello Ex-Yukon-Berti,

we are lukking forward to ur arrival!! Vielleicht bekommst du diese mail ja noch in Vancouver. Im Gegensatz zu Kanada haben wir hier grottenolmwarme –1°, demnach angenehme Temperaturen für dich. Es genügt also, am Flughafen in T-Shirt und kurzer Buchs zu erscheinen.

Guten Flug wünschen wir alle, bis dahin
Hanns und Anhang

Yukon-Rundmail 20

Huhu,

ja, ich bin in Vancouver angekommen. Ohne Graben. Werde am Wochenende in Deutschland landen, so dass ihr mir alle Fetentermine für Samstag/Sonntag an diese Adresse mailen könnt. Eine ganze Rundmail schaffe ich wohl nicht mehr, aber hier die versprochene Autogeschichte:

Also, am zweiten Abend in Haines waren Josh und ich mit Karon und Lyn essen. Dann zurück zu den Cabins. Ich fuhr direkt hoch zur Hütte. Im Schnee fuhr ich bis ganz nah ran, sah die Steine nicht und fuhr darauf. Die waren nur so zehn Zentimeter hoch, kein Problem, hab' den Wagen einfach stehen lassen.

Nun, am folgenden Morgen sprang ich wohlgemut in den Wagen und versuchte ihn zu starten. Sprang nicht an. Der Tank war zu Dreiviertel leer und durch die Schräglage kam kein Benzin in die Vergaser, diagnostizierte ich (und das stimmte sogar). Josh schob von vorne und ich rollte langsam die Auffahrt hinunter. Rechts die anderen Cabins, links reichlich große Findlinge. Durch meine dreckige Heckscheibe sah ich nicht viel, so dass ich meine Tür öffnete und durch die Enge navigierte.

Ich war fast unten, da machte es zu meinem großen Erstaunen "Rumms". Aber ich war rechts mit dem Auto an den Hütten vorbeigekommen und links mit dem Auto an den Findlingen. Fast komplett jedenfalls. Nur die geöffnete Autotür war an einem der Findlinge hängengeblieben. Manchmal denke ich, ich müsste mich nach rund 35 Jahren mit mir zusammen an so etwas gewöhnt haben. Hätte ich doch bloß Michael Verhaagh (ein Freund, der immer extremes Pech hat) mitgenommen, dann wäre dem nämlich so etwas passiert.

Bronco saß bummfest. Um ihn nach oben zu schieben, ist er zu schwer. Es ging nichts mehr. Ich bekam fast einen Lachkrampf. Dann fiel mir meine Handwinde ein. Mit Abschleppkette an Auto montiert, um Findling gebunden und locker hochgezogen. Tür zu, runterrollen, warten, fremdstarten – Batterie war durch die ganzen Versuche natürlich leer – und schon lief Bronco wieder. Eine weitere Story für mein Buch „Yukon-Alaska-BC-Dreieck: Merkwürdige Autophänomene".

Prost
Vancouver-Berti

Yukon-Rundmail 21.1

Hallo Freunde,

ich bin wieder in heimatlichen Gefilden, aber ich möchte euch – vor allem denjenigen, die ich nicht in den nächsten Tagen sehen werde – natürlich nicht die letzten Ereignisse vorenthalten.

Auch der Bronco erwies sich als ideale Fotoplattform – hier für Josh.

Von Whitehorse fuhr ich mit Josh über den Alaska Highway nach Haines. Es war recht stark bewölkt, so dass es mit der phantastischen Aussicht nicht viel war. Josh konnte Nahaufnahmen von ein paar Kojoten – ich hatte vorher schon häufig welche gesehen, sie aber nicht als veröffentlichungswürdig eingestuft – machen, die sich auf der Straße rumtrieben. Hinter dem Kluane mussten wir einige Pässe hoch und es wurde schneeiger. Plötzlich klarte es auf und die ganze Landschaft wurde in ein oranges Licht getaucht. Das war natürlich genau das richtige für uns zwei Fotografen. Alle 50 Meter stoppte ich das Auto, wir sprangen raus, machten Bilder, sprangen wieder rein und fuhren weiter. Wie die Japaner auf Europatournee. Die Aussicht wurde wirklich traumhaft und die Wälder tief verschneit, so dass sich die Spitzen der Bäume unter der Schneelast bogen.

Da Haines ja in Alaska liegt, musste ich die amerikanische Grenze passieren. Nun, mein Visum, das ich bei der Einreise nach Seattle bekommen hatte galt nur für drei Monate. Ich suchte also beim Zöllner um ein neuerliches Visum nach, das ich auch problemlos erhielt. Allein es sollte sechs Dollar kosten – und zwar US. Weder Josh noch ich hatten US-Dollar und Kreditkarten nahmen sie auch nicht. So bekam ich das Visum vom Grenzer kostenlos und bemerkte dazu: „Hey, if I always get it free like this, I will never take US-Dollar with me!" Das fand der Zöllner jedoch nur bedingt lustig und schrieb neben das Visum in meinen Pass: „Fee waived this time only!" Welch merkwürdiges Gebaren.

Rund 50 Kilometer vor Haines sahen wir schon die ersten Adler. Wir hielten kurz, aber durch die Änderung der Zeitzone wurde es nun schon gegen 15 Uhr dunkel. Also weiter nach Haines, Hütte gebucht, im Internet gespielt, gegessen, getrunken, gelesen und früh pennen gegangen. Josh war von der Dusche entsetzt, aber die war eigentlich kein Problem. Er meinte daraufhin, das ich wohl schon einige miese sanitäre Anlagen gesehen haben müsste (na ja, wenn ich so an Nepal denke, ein Loch im Boden, stark verunreinigt, wobei ich nicht wusste, ob ich mich zuerst drüberhocken oder -beugen sollte ..., aber lassen wir das). Also richtig schön relaxt. Nach der ganzen Fahrerei der letzten Tage war ich auch rechtschaffen müde.

Yukon-Rundmail 21.2

Am nächsten Tag sind wir auf die Adlerjagd gegangen. Die Burschen flatterten echt überall durch die Gegend. Ein Ranger erzählte uns, dass sie Anfang November schon über 3.000 Adler gezählt hätten. Die versammeln sich am Chilkat River, weil dieser durch geothermische Quellen nicht zufriert und die Lachse ihn deshalb auch im Winter hochziehen können. Der Fluss ist ziemlich breit und wegen des bis dato milden Winters nirgendwo zugefroren. Dadurch verteilten sich die Adler auf eine größere Fläche und machten es schwierig, 20 oder 30 Adler in einem Bild festzuhalten. Die Vögel waren ziemlich faul, saßen in den Bäumen, guckten nach Lachsen, die es nicht schafften ganz hochzuziehen und mussten die Kadaver nur noch aus dem Wasser zupfen.

Der „Lachsfriedhof".

Ein Platz hatte es mir besonders angetan: Hier lagen etwa 30 Lachse tot im Wasser und moderten auf dem Boden vor sich hin. Rund zehn Meter weiter wurde der Fluß ganz flach und wir sahen an zwei Stellen Heckflossen und Bewegungen von jeweils etwa 40 Lachsen, die dort einen möglichen Durchgang suchten. Davor sammelte sich das Wasser zu einem Zwergsee und wir sahen immer wieder Lachse hochspringen. Ich wollte das mal fotografieren, aber immer, wenn ich eine Stelle anvisierte, sprangen die Jungs woanders hoch. Aus irgendeinem Grund scheint meine Beziehung zu Fischen stark gestört zu sein. Schließlich gab ich auf und guckte mir dieses einmalige Naturschauspiel einfach nur an.

Das Ganze hatte etwas archaisches und beeindruckte mich mehr, als die Adler. Wenn ich bedenke, dass die Lachse seit tausenden, zehntausenden, hunderttausenden oder gar millionen von Jahren hier hochziehen. Außerdem sahen sie aus der Nähe betrachtet aus, als wären sie aus einem vergangenen Zeitalter. Eher wie die Quastenflosser, die zur Dinozeit lebten. Und dann versuchte ich mir vorzustellen, wie sich die Indianer hier wohl früher gefühlt haben müssen: Ein riesengroßes Tal, zehntausende von Lachsen, tausende von Adlern und – so gut wie keine Menschen. Auch heute sind es nicht so viele, vielleicht 70. Aber es ist ja auch noch mitten in der Woche. Am Wochenende wird es hier wohl heiß hergehen, aber zu dieser Zeit wollen Josh und ich schon weg sein.

Adlerfotograf Josh am Chilkat River in Haines/Alaska.

Wir fuhren durch die Indianersiedlung Klitschu- oder Klatschu-Village und dahinter war kein Schwein mehr. Josh und ich liefen über einen zugefrorenen Bach und sahen am Flussufer jede Menge fein abgenagter Lachsgräten. Auch weniger fein abgenagte Lachse lagen herum und wie es dort roch, könnt ihr euch wohl vorstellen. Eine Spur dort gab uns stark zu denken: Große Füße mit Krallen dran. Bärenspuren. Und ich dachte, die Brüder wären schon alle am pennen. Wir versuchten Adler in Nahaufnahme zu bekommen, doch bevor wir drauf halten konnten machten die immer einen Abflug. Oder wir waren nah dran und die bewegten sich überhaupt nicht mehr. Dabei ergänzten wir uns ideal. Josh hat ein großes Stativ und ich ein 500 mm Tele, das wir darauf montierten. Da wir beide Canon-Kameras haben, schlossen wir abwechselnd unsere Gehäuse daran an.

Yukon-Rundmail 21.3

Ziemlich durchfroren und müde kamen wir nach Haines zurück. Wir aßen mit Karon und Lyn, waren aber nicht zum lustigen Country-Tanzabend zu bewegen. Die Bullen hielten mich noch an, weil ich zwei Stoppschilder überfahren hatte, aber ich machte auf blöder Touri – fällt mir ja nicht schwer – und er beließ es bei einer mündlichen Verwarnung. Kilometerweit niemand zu sehen und ich soll an so einem roten Schild halten. Wie blöd. Als wenn so etwas einen Betriebswirt Bochumer Schule und ehemaligen Junior-Berater einer Wuppertaler Full Service Marketing Agentur stoppen könnte.

Die witzige Autogeschichte des nächsten Morgens erzählte ich ja schon. Wieder auf dem Rückweg nach Whitehorse, kamen wir noch einmal bei den Lachsen und Adlern vorbei. An einem einsamen Platz wollten wir einen Adler überraschen, aber das klappte natürlich nicht. Dafür waren wir sehr überrascht, als wir abermals auf sehr frische Grizzlyspuren stießen, was uns doch zu dem einen oder anderen sehr langen Seitenblick nötigte. Am Fischfriedhof zog ein Angler die ganzen vor sich hin modernden Lachse aus dem Wasser. Na ja, die Geschmäcker sind wohl unterschiedlich, dachte ich. Erst nachher erfuhr ich, dass sie von einigen als Winterhundefutter verwendet werden.

Über 3.000 Adler versammeln sich jedes Jahr im Winter am Chilkat River.

Wir fuhren auch noch mal hinter dieses K-Village und wanderten jetzt hinter dem Bach zur anderen Seite. Auch hier jede Menge Kadaver. Auf der anderen Seite des Flusses sichteten wir einen Baum mit fünf Adlern. Der Chilkat war hier ziemlich flach und wir wateten mit unseren Gummistiefeln da durch. Josh postierte sich direkt gegenüber des Baums – der erste Adler flog weg. Er stellte das Stativ auf – Adler zwei machte einen Adler. Er schloss sein Kameragehäuse an das Objektiv an – Adler drei suchte das Weite. Er stellte das Stativ auf den Baum ein – Adler vier machte sich aus dem Staub. Er focussierte mit dem Objektiv – der letzte Adler verließ den Baum. Ich lachte mich fast kringelig. Etwas weiter sahen wir jedoch einen anderen Adlerbaum und knipsten von weiter weg. Beim Rückweg durch den Chilkat River holten wir uns sogar nasse Füße, die dadurch sehr schnell sehr kalt wurden.

Wir fuhren zurück bis Haines Junction, wo wir fein zu abend aßen. Zum Übernachten ging es zum Kathleen Lake. Hier gibt es einen Schelter, also eine große Hütte mit zwei Holzöfen drin. Auch andere hatten diese Idee schon, so dass wir kurzweilige Gesellschaft hatten. Zwei Mädels machten Schneeschuhtouren im Kluane, andere wollten noch nach Haines und machten hier Zwischenstopp. Der Blick auf den See war klasse, besonders durch die Fenster der warmen Hütte. Hier – also am See, nicht in der Hütte – war auch schon reichlich Schnee gefallen, wie rund 40 Zentimeter der weißen Pracht auf einer Bank bewiesen.

Yukon-Rundmail 21.4

Morgens schnell 15 Kilometer zu Glanzmanns gefahren, dem Schweizer Ehepaar, das hier wohnt und Hundeschlittentouren anbietet. Ich hatte uns schon per E-Mail angekündigt, aber die Tour konnte nicht starten. Den Grund erratet ihr bestimmt nicht: Er musste sein Snowmobil irgendwo aus dem Graben ziehen. Es geht mir also nicht allein so. Zurück in Haines Junction wanderten wir über den Dezadeash Trail. Schwierige Geschichte in dem ganzen Schnee. Wir sackten dauernd so 25 bis 35 Zentimeter ab. Der Blick von der Aussichtsplattform war es aber auf jeden Fall wert.

Über Whitehorse flitzten wir nach Carcross, wo ich mit Bobo – meinem Hausverkäufer – noch einiges zu bereden hatte. Er gab einige seiner Geschichten zum besten und wir lachten uns halbtot. Der Bobo hat wirklich einiges erlebt und kann es vor allem gut erzählen. Wir pennten in Tagish, wo Josh ein tolles Haus zu einem Spottpreis gemietet hatte. Und noch ein ruhiger Tag. Ich organisierte meine Rückkehr (Bus, Klamotten usw.) und lümmelte mich faul auf der Couch rum.

Ein letzter Abend in Tagish.

Wir fuhren noch ebkes zu Jakes Corner. Jake ist nicht etwa der Besitzer dieser Ein-Laden-Stadt, sondern dessen Papagei (wenn ich bedenke, dass meine Heimatstadt nach dieser Vorgabe „Hänschens Ecke" heißen würde!). Daneben wurden dort alle möglichen Artefakte – Kettensägen, Außenbordermotoren, Schneemobile usw. – der letzten 100 Jahre Yukon gesammelt und wild überall verteilt. Die Menschen dort sind auch etwas komisch. Mir fiel das gar nicht mehr auf – war ja schon mal hier und wohl zu lange im Yukon unterwegs –, aber Josh bekam große Augen. Wahrscheinlich wird die Ecke jetzt wohl auch in seinem Buch auftauchen. Mein letzter Yukonabend wurde mir durch einen phantastischen Sonnenuntergang versüßt.

Yukon-Rundmail 21.6

Am folgenden Morgen in Whitehorse noch einiges erledigt und dann im Greyhound-Bus von Whitehorse nach Vancouver. Sind ja nur 2.500 Kilometer. Rund 40 Stunden brauchten wir dafür. Aber im Bus war genug Platz. Für mich jedenfalls. Der normale Trick ist, zwei Sitze zu beanspruchen, sich schlafend stellen, wenn neue Passagiere zusteigen und diese so einfach einen anderen Platz suchen zu lassen. Da ich mir aber immer die Beine vertrat, wenn wir mal hielten, kam ich auf eine andere Idee. Ich packte den Fensterplatz mit meinen Klamotten voll und legte auf den Sitz am Gang meine superdreckigen Socken. Die wollte ich selbst kaum anfassen. Und es funktionierte. Ich musste nur aufpassen, dass die Socken nicht von alleine wegliefen. Von der Landschaft sahen wir nicht viel. Ab Teslin war Blizzard: Jede Menge Schnee, der vom Wind heftig durch die Gegend gepeitscht wurde.

An der zweiten Station stieg ein merkwürdiger Typ ein. So um die 25, quatschte jeden an und sagte ganz stolz, dass er nach Grand Prairie fahren würde, ganz alleine. Zuvörderst war ich darob geringfügig irritiert, aber nach einem Weilchen erkannte ich ihn. "Forrest, Forrest Gump", sagte ich und der Bus dröhnte vor Gelächter. Wir waren sowieso eine Großfamilie auf Zeit. Ich lauschte insgesamt drei Lebensgeschichten sowie tausenden Storys über Angeln, Jagen, Autofahren, Yukon, Amerika, Europa, Welt, Gott, Relativitätstheorie, Panzer, Flugzeuge, Kriege, Frauen, Männer, Rembrandt, Ägypten, Bären, Elche, Wölfe, Karibus, Hund, Katze, Maus usw. Da fahren Typen mit, dat glaubse nich, ey. In echt.

Ich werde wohl so langsam wirklich zum Yukoner: Beim Dösen lauschte ich einem Gespräch meiner Mitreisenden und ich kannte einige der Typen über die sie sprachen. Karon meinte sowieso, dass ich schon dazu gehören würde: Wer nur für die Karibuwanderung zum Dempster Highway und wieder zurück nach Whitehorse fährt und dabei rund 2.200 Kilometer zurücklegt, muß sich schon an die hiesigen Entfernungen gewöhnt haben. Laut Bob müsste ich nur noch Tag und Nacht eine Baseballkappe tragen und wäre dabei.

Als wir in Prince Rupert umsteigen und eben pausieren mussten, konnte ich es kaum glauben, das es bereits knapp fünf Monate her war, das ich hier mit dem Bus auf dem Hinweg Station gemacht hatte. Was war in dieser Zeit nicht alles geschehen und vor allem: Wieviele von den Trips, die ich eigentlich vorhatte (im Denali Park wandern, mit dem Kajak zu den Orcas bei Vancouver Island, mit dem Auto nach Prudhoe Bay, ganz im Norden Alaskas und, und, und...), hatte ich doch nicht gemacht! Noch nicht. Aufgeschoben ist nicht aufgehoben. Denn jetzt habe ich ja ein Basislager im Yukon, von dem ich alle weiteren Touren starten und mich vor allem nachher wieder ausruhen kann.

Yukon-Rundmail 21.7

In Vancouver fuhr ich direkt zum Flughafen, um mir einen Stand-by-Flug zu organisieren. Aber war nicht. Die wollten 2.000 Dollar für den Trip. Also bei Backpackers Zimmer gebucht und mit dem Bus in die City. In unmittelbarer Nähe meiner Schlafstätte war ein Flugreisebüro, das mir ein deutlich günstigeres Angebot machte, auf das ich einging. Das Backpackers ist mit zehn Dollar pro Nacht recht günstig, was auf die Qualität der Räume und Sanitäranlagen schließen lässt. Beim Anblick der Dusche wäre Josh rückwärts rausgelaufen, meine Schwester schreiend geflüchtet und meine Mutter einfach tot umgefallen. Von der Toilette möchte ich gar nicht erst reden. Aber so lange mich nicht irgendwelche Tiere anspringen, wenn ich zur Tür hereinkomme, geht das noch alles.

Ich lief ein wenig durch die Straßen und machte es mir am Canada-Place mit Blick auf die Bay gemütlich. Irgend etwas war anders als in Whitehorse. Richtig, die Autos. Ich sah BMWs, Mercedesse und japanische Luxuskarossen, während im Yukon Pick-ups, Trucks, kleine Japaner oder alter Achtzylinder-Amischrott den Ton angaben. Außerdem hatten die Autos hier keine Blechschäden und Kratzer, Dachgepäckträger und Snowmobile und selbst die Lichter funktionierten vollständig. Es dauerte eine Weile, bis ich mich daran gewöhnt hatte.

Plötzlich kam mir die Idee, ein Eishockeyspiel zu besuchen. Vancouver Canucks gegen Red Wings Detroitski (die haben nämlich die halbe russische Nationalmannschaft aufgekauft). Also, das Stadion ist klasse, aber die Stimmung war früher an der Brehmstraße bei der Düsseldorfer EG deutlich besser. Während der Spielunterbrechungen setzte so eine Hammond-Orgel ein und die Zuschauer wurden per Bildschirm zum Mitklatschen aufgefordert, was sie auch machten. Fing das Spiel wieder an, hörte die Orgel auf und auch das Klatschen endete. So toll spontan und begeistert. Die Autobauer – ob da jetzt Ladas gebaut werden? – waren technisch eindeutig überlegen, von wegen der Spielzüge und so. Die Vancouver Kanaken konnten gar nix. Also vom Schlittschuhlaufen war ich schon begeistert, was die auf den Kufen so anstellten (ich habe mir sagen lassen, das es auf dem Eis ziemlich glatt sein soll), aber rein spielerisch waren die auch nicht besser, als die Teams aus der DEL. Für die Statistik: Vancouver verlor 2:7.

Anschließend auf einen Sprung ins „Lamplighters", meiner Stammkneipe in Vancouvers Gastown. Zur Musik einer Live-Band und mit einigen Bieren, blickte ich auf meine fast fünf Monate in Kanada zurück. Wegen des ganzen Gedöns mit Grundstück, Haus, Transport und Geld habe ich recht wenige Kanu- und Hiking-Touren gemacht, aber trotzdem eine Menge gesehen und erlebt und verfüge jetzt immerhin über ein Basiscamp in meinem geliebten Yukon Territorium. Doch, heute ist nicht alle Tage, ich komme wieder, keine Frage.

Yukon-Rundmail 21.8

Am Flughafen versorgte ich mich noch schnell mit zwei Sixpacks „Canadian". Nicht nur aus Sentimentalität. Ich flog nämlich mit der holländischen KLM und richtig, die Tulpenheinis schenkten nur Heineken aus. Beim Aussteigen aus dem Flugzeug hatte ich nur noch acht Büchschen. Komisch. Aber ich hatte brüderlich mit Bel aus Schottland und Kevin aus Vancouver geteilt. Wir lachten viel zusammen und wurden sogar von der Luftkellnerin um Ruhe gebeten. Kurz vor der Landung holte Bel ihren Rosenkranz raus: Flug- bzw. Landeangst. In Schiphol noch zusammen ein Bier getrunken, bevor sich unsere Wege trennten. Gegen 14 Uhr in Düsseldorf und zur falschen Gepäckhalle gefahren worden, aber mein Rucksack war eh' in Amsterdam geblieben. Warum sollten diese merkwürdigen Geschichten, die mir immer passieren hier auf einmal auch aufhören? Abgeholt worden, in einen Stau gekommen – was ist das denn? – und gegen 19 Uhr war ich zurück auf meiner Heimatscholle am Niederrhein.

That's all folks
Berti

Nachtrag Yukon-Rundmails

Noch größere Trauer,

Josh, dem ich mein Auto für den Winter geliehen hatte, hat mir gestern gemailt, dass er meinen Bronco im Graben versenkt hat. Schnief! Ihm ist nichts passiert und er ist untröstlich, aber der Wagen ist wohl ziemlich hinüber. Auf der anderen Seite bin ich damit wohl rehabilitiert, denn es scheint sich ja wohl mehr um ein Problem des Autos mit Gräben zu handeln, als um meins. Feierlicher Begräbnisumtrunk am Samstag, 15 Uhr, im „Früh" in Köln. Alle Selbstzahler sind herzlich eingeladen.

Viele Grüße
Berti

(der sich immer noch nicht an das trostlose deutsche Wetter – im Yukon ist's jetzt knackig kalt und schneeig – gewöhnt hat).

Zum Autor

Berthold Baumann ist Jahrgang 1964 und bekennender Niederrheiner aus Kevelaer. Nach dem Abitur verpflichtete er sich für vier Jahre in einem Dezernat für Presse- und Öffentlichkeitsarbeit der Bundeswehr, studierte anschliessend Wirtschaftswissenschaften an der Fachhochschule Bochum – war also einige Jahre im westfälischen Exil – und arbeitete drei Jahre in einer Wuppertaler Marketingagentur. Zur Zeit versucht er als freier Journalist, PR-Dozent, Reise-Dia-Vortragender und Reise-Veranstalter genügend Geld für den jeweils nächsten Kanada-Trip zusamen zu scheffeln.

Der Autor bei −25° Celsius auf dem Dempster Highway im kanadischen Yukon Territorium.

Meine Beschreibungen vom Yukon Territorium haben Euch so gut gefallen, dass Ihr jetzt unbedingt auch dorthin wollt? Kein Problem, ich habe die Spezial-Reiseagentur NepYuk-Tours gegründet. Hier könnt Ihr Euren individuellen Yukon-Urlaub planen, vorbereiten und buchen lassen sowie nahezu alle Informationen über das kanadische Yukon Territorium erhalten:

NepYuk Tours
Berthold Baumann
Lange Straße 58
47608 Geldern
02838/989778
0171/4118611
NepYuk@t-online.de

Unter dieser Adresse sind auch meine verschiedenen Dia-Vorträge über das Yukon Territorium und über Nepal in Überblendtechnik buchbar. Außerdem veranstalte ich jedes Jahr mit kleinen Gruppen Trekking-Touren in Nepal.